博士号を
取る時に考えること
取った後できること
生命科学を学んだ人の人生設計

三浦有紀子・仙石慎太郎／著

羊土社のメールマガジン
「羊土社ニュース」は最新情報をいち早くお手元へお届けします!

■ 主な内容
・羊土社書籍・フェア・学会出展の最新情報
・羊土社のプレゼント・キャンペーン情報
・毎回趣向の違う「今週の目玉」を掲載

● バイオサイエンスの新着情報も充実!
・人材募集・シンポジウムの新着情報!
・バイオ関連企業・団体の
　キャンペーンや製品,サービス情報!

いますぐ,ご登録を!
（登録・配信は無料）
➡ 羊土社ホームページ　http://www.yodosha.co.jp/
　http://twitter.com/Yodosha_EM
　Facebookもご覧ください

序

　平成8年，第1期科学技術基本計画のなかで「ポストドクター等1万人支援計画」が謳われてから13年が経過した．科学研究者を目指す者が，いわゆるポスドクというキャリアを通過する例は格段に増加したと思われる．その一方，国立大学法人を人件費削減の波が容赦なく攻め立てている．

　この劇的な変化のなかで，同じ世界にいるはずの先輩たちの事例がそっくりそのまま自分には当てはまるはずがないと感じることも多い．日々多忙な研究生活のなかで得られる情報量には限りがある．さて，自分は今こうしてコツコツ研究をやっているだけで果たしてよいのだろうか，などと不安に駆られることもあるだろう．いや，インターネット上に飛び交うさまざまな情報こそが大学院生や若手研究者の不安を駆り立てているとも思える．

　本書は，そのような若い人たちのために少しでもお役に立ちたいと願っている著者と編集者の思いを形にしたものである．現状とその問題点をよく知り，また先輩方の考え方，やり方を参考にして自分なりの解答を見つけていただきたい．本文中にも書いたが，重要なことは不安によって萎縮してしまわないこと，不安要因を取り除くために前向きな努力をすることだと思う．

　博士号を取得すること自体，読者の皆様にとっては大変なことではないかもしれない．ただ，実際に取得する前に，そもそも博士号とは何なのか，博士号を取得した場合としない場合とにどんな違いがあるのだろうか，自分の人生に博士号は必要なのだろうか，といったことをじっくり考える必要はあるだろう．それは，「博士」としてどんなふうに生きていくのかを確認する作業でもある．

　本書の発刊にあたり，お忙しい時間をやりくりしてインタビューに応じてくださった方々，貴重な情報を提供してくださった方々，及び著者の所属企業・機関においてご指導いただいた方々への深い感謝の念でいっぱいである．また，本書を世に問うにあたり羊土社とご担当者には多大なご協力をいただいた．これらの方々は皆，著者同様，若い人たちの役に立ちたいと考え，ご協力いただいたことをここに記したい．

　本書が，皆様にとってよりよい選択をする一助になれば幸いである．

2009年2月

著者を代表して
三浦有紀子

博士号を取る時に考えること 取った後できること
生命科学を学んだ人の人生設計

序 3

第1章　データでわかる最新バイオ博士研究者事情　　　　　　　　　　7

1. 博士号はなぜ必要か ………………………………… 仙石慎太郎　8
修士課程は職業訓練，博士課程は職業「人」訓練／欧米では，博士号がないと研究者として認められない／論文博士制度がなくなる？／博士号取得の目標は「独り立ち」スキルの獲得

2. 博士号とPh.D.の違い ……………………………… 仙石慎太郎　14
「Ph.D.」と「博士」はもともと似て非なるもの／日本の「博士」は欧米の「Master」に近い？／「博士＝専門家」という拘束／博士号取得により開ける未来／あるべき21世紀の研究者像

3. 博士号取得者の現状 ………………………………… 三浦有紀子　22
「博士号」取るべきか，取らなくてもいいのか，取らない方がいいのか!?／米国におけるPh.D.取得者の就業状況／日本の研究関係従業者数に占める博士号取得者数／博士号取得者の年収

4. 博士号取得者のキャリアパス ……………………… 三浦有紀子　29
博士課程在籍者，ポスドクのキャリアプラン／博士課程修了者の進路／ポストドクターの進路／課程博士と論文博士／博士号取得者の自己評価

第2章　博士に求められるスキル　　　　　　　　　　　　　　　　　　39

1. 戦略的思考力 ………………………………………… 仙石慎太郎　40
研究のプロフェッショナルとは？／戦略的な思考はプロフェッショナルに不可欠／戦略とは何か？／戦略的思考法を研究で実践するには？／戦略とは「何をやらないか」を決めること／戦略的思考とマネジメント／アカデミアにおける戦略的思考の実践例／日本の大学院教育は大丈夫か？

2. 問題発見・解決力 …………………………………… 仙石慎太郎　51
問題の発見・解決力とは？／検討範囲を設定する／課題を洗い出し，絞り込む／重要課題を特定し，解決策を立案する／結論づけ，意思決定する

3. コミュニケーション・スキル ……………………………… 仙石慎太郎　61
　　ミーティングには4つのモード（類型）がある／ラボラトリーでの実践例／ミーティング運営のコツ／プレゼンテーションの技法／「知の活用」手法を体系的に捉える

4. プロジェクト・マネジメントのスキル ………………… 仙石慎太郎　72
　　プロジェクト・マネジメントとは／プロジェクト・マネジメントの方法論

5. キャリア設計 ……………………………………………… 三浦有紀子　81
　　幅広い見識をもつ／客観評価を利用する／粘り強くなる／デッドラインを意識する／トレンドに流される危うさ

6. キャリアアップのための具体的行動 …………………… 三浦有紀子　90
　　自分を知ってもらうこと／相手を知ること／当たり前のことを当たり前にできること／前向きな人にこそチャンスは訪れる／いつまでに結論を出すべきか

第3章　事例から学ぶ『研究』と『キャリア』の
マネジメント術
仙石慎太郎　97

1. 審良静男 博士 ………………………………………………………… 98
　　―学生を主人公にし，チームとして研究に挑む

2. 森下竜一 博士 ……………………………………………………… 108
　　―自分の力で考えることの重要性，メンターの必要性

3. 加藤茂明 博士 ……………………………………………………… 116
　　―良いインプットから最高のアウトプットへ

4. 中辻憲夫 博士 ……………………………………………………… 124
　　―学生との距離感を見極め，インテグリティーを堅持する

5. 良いラボの条件 ―ケーススタディの考察 ……………………… 133
　　明確な使命感（ミッション），価値観，構想（ビジョン），戦略／シンプルな組織形態／組織・プロセスの可視化・構造化／オープン・コラボレーションの実践

第4章　実録 バイオ博士人材の多様なキャリアパス
三浦有紀子　139

1. 研究者としての自分が最も活躍できる場所を求めて ……… 140
　　―加藤珠蘭 博士（武田薬品工業㈱）

2. アンテナを広く張ってチャンスを逃さない努力を ………… 148
　　―濱田光浩 博士（特許庁）

3. 本質を突き詰める──研究するのと同じ気持ちで取り組む……155
　　──丸　幸弘 博士（㈱リバネス）
4. 専門性と文章力の融合で実現したライフワーク……169
　　──永井有紀 博士（技術翻訳者）
5. 目的達成を目指して，模索しながら過ごした大学院時代……178
　　──久保田俊之 博士（㈱リクルート）
6. 想像を超えたところに自分の能力を活かせる場所がある……188
　　──武井次郎 博士（㈱スリー・ディー・マトリックス）
7. ビジネスの立場から研究成果の事業化に携わるという選択……197
　　──安西智宏 博士（㈱ファストトラックイニシアティブ）
8. 研究者の新しい立ち位置
　　〜日本型ファンディングエージェンシーを目指して〜……207
　　──笠岡（坪山）宜代 博士（独立行政法人 国立健康・栄養研究所）
9. 納得がいくまであきらめないことで開けた道……218
　　──東　義明 博士（University of Kansas）
10. 博士課程とはマネジメント教育の場……229
　　──仙石慎太郎 博士（京都大学）

索引 ……237

Column

大学教員の待遇	33	プレゼンにおける予習と復習の効能	71
ポスドクの待遇	36	オンリーワンの力	82
『孫子』にみる戦略的思考法	43	英語力の本質	84
科学者の知的作業	56	大学における2007年問題	89
競争的資金の課題選定	60	大学教員に求められるもの	96
ミーティングの参加者	66	技術翻訳の現場	177

第1章
データでわかる最新バイオ博士研究者事情

　日本では，博士号取得者をめぐる就業環境は年々厳しさを増してきている．特にポスドク余りやオーバードクターは今日では社会問題にまでなっており，なかなか抜本的な解決を見出せない状況にある．しかしながら，欧米をはじめとする海外ではそれほど問題視されていない．なぜだろうか？

　この問いに答えるためには，そもそも博士号がなぜ，何のために必要なのか，日本の博士号と欧米のPh.D.は果たして一緒なのか，修士課程と博士課程の違いは何なのかについて考えてみるとよいだろう．さらに，博士号取得者の現状とキャリアパスがどのようか，各種調査データに基づいて状況を正確に理解することが必要となるだろう．

　本章ではこのような視点から，今日の博士号をめぐる現状と課題，そして展望について考えてみたい．

第1章 データでわかる最新バイオ博士研究者事情

1. 博士号はなぜ必要か

仙石慎太郎

筆者が本書を通じて第一に伝えたいのは，以下の2つのメッセージである．
・研究者を名乗る以上，博士号は必須の要件である
・博士は想像以上に有意義である

本節では，なぜそうなのか，筆者の経験や認識に基づきその理由を解説してみたい．まず，なぜ必須なのかについて，その理由を述べよう．

修士課程は職業訓練，博士課程は職業「人」訓練

　修士課程の教育とは，文字通り，特定の専門的知識やスキルを習得（マスター）することが目的である．したがって，多くのラボでは教員や先輩大学院生から研究テーマをあてがわれ，その研究テーマの実践を通じて必要な知識やスキルを習得するというスタイルがとられる．学位審査にしても，多くの大学院では，修士号授与はファカルティーによる内部審査のみであり，投稿論文などの対外的な成果発表は必須要件ではない．

　対して博士課程はどうか．人により意見は少しずつ異なるが，集約すれば，**研究者として独り立ちするのに必要な能力の教育**ということになろう．修士までは「研究活動の行い方」，博士課程（博士後期課程）は「研究という『業』の営み方」教育といってもよい．

　具体的な能力としては，その研究分野におけるコアな課題を見抜いて自らの研究方針や研究計画に落とし込む戦略的思考力，日々の研究活動において発生した課題を克服する問題解決力，議論や発表を通じて研究内容を磨き上げるコミュニケーション能力，求められた期限内に求められるアウトプットを提供するプロジェクト・マネジメント力，後輩学生

図●博士課程教育の実情
Phd comicsは，作者のJorge Cham氏がスタンフォード大学大学院生時代に描いた風刺漫画で，大学院生の煩悶とした日常を綴っており面白い．取り上げた漫画では，博士課程教育で行われるべき論理思考の訓練が置き去りにされ，安易な情報収集と詰め込みに置き換わっていることを皮肉っている．ちなみにタイトルの「PHD」は "Doctor of Philosophy" ではなく，"Piled Higher and Deeper（知識や書類を深々とうず高く積み上げる）" の略だそうである（http://www.phdcomics.comより転載）

やテクニシャンを活用する人的マネジメント能力，必要な研究資金やリソースを調達してくる調達力，などである（詳しくは**第2章**参照）．

　当然，研究成果も内輪の評価だけにとどまることはない．ライフサイエンス分野で生き残っていくためには，論文を書く力は必須となってくるため，学位審査の時点でも，査読付き投稿論文の掲載あるいは承認が，本審査に先行して求められる（もっとも，この基準値は昨今はかなり緩和されてきており，よくない傾向である）．

　このような訓練は，研究者が自律的に活動を営むのに欠くことのできない能力を身につけさせるものであり，その意味で単なる職業教育を超えた職業「人」，すなわちプロフェッショナル教育といえる．逆に，このような厳しい教育を受けたからこそ，博士号取得者は年齢や経験に関係なく，グローバルな研究者集団において一人前の研究者として周囲からみなされ，社会からも相応のリスペクトがおかれるのである．

欧米では，博士号がないと研究者として認められない

　博士課程の教育がプロフェッショナル教育であるがゆえに，欧米社会ではPh.D.（Doctor of Philosophy）という学位の価値には非常に敏感である．外資系コンサルティング企業に勤務していた頃の感想を言わせていただければ，**欧米社会は日本など比較にならない，超・学歴重視の社会**なのである．ただし，日本の学歴が「出身校」で区別されるのに対し，欧米社会で重視されるのは「学位」であり，この点が大きく異なる．

　逆の言い方をすれば，その職業で標準とされる学位（本書のケースでは博士号）を取得していなければ，たとえ相応の実力があっても充分な待遇はなされないし，不自然な印象をもたれることすらある．乱暴なたとえかもしれないが，医師でない人が医療行為をしたり，弁護士でない人が弁護士を名乗れば明らかに犯罪だが，それに近いイメージを与えることもあるかもしれない．

　ここで敢えて，**自然科学系の修士号は，研究のプロフェッショナルの証とはみなされない**，という事実は特筆しておきたい．このような「Ph.D.」と「Master」の違いは，たとえるならば，大学と短大に相当する違いと捉えるとわかりやすい．良し悪しは別として，日本では大学新卒を対象としたリクルーティング活動では，短大卒業者はその能力を問われる前に門前払いされてしまうのが常である．学位に対しても世界ではこのような価値観，慣行があることは，大学院生活を送る，あるいは志望するうえで，ぜひ知っておいていただきたい．なおこのような認識の違いは学位の成立過程に根ざしており，次節で深く掘り下げてみることにする．

論文博士制度がなくなる？

　読者のなかには，論文博士号（在学しないで学位をとること）の可能性に懸けたいという人もいるだろう．しかしながら，文部科学省の中央教育審議会の検討によれば，**論文博士制度は「将来的には，廃止する方**

向で検討することが適当」と提言されている．

　なぜか．最大の理由は，この制度自体が国際的なPh.D.の基準に見合わなくなってきているからである．筆者も論文博士の審査・発表会に何度も立ち会ったことがあるが，評価といえば研究内容の議論が中心であり，上述のようなプロフェッショナル教育が施されているか否かは，通常あまり考慮されない．そもそも，どこまでが所属する企業で，どこまでが本人自身による貢献かを判定するのはきわめて困難である．事実，アメリカにもヨーロッパにも，日本のような論文博士制度は存在しないのである．

　学位取得を支援する側の企業のスタンスも変わりつつある．一昔前までは，修士課程修了時に教授・研究室推薦により企業の研究所に就職し，企業での研究活動をもとに論文を書き，論文博士を取得する道が王道だった．取得までに時間がかかるのは難点だが，本人にとっても博士後期課程3年間の自己負担が不要という経済的メリットがあり，また企業にとっても，研究員を動機づけ，早期の退職を抑制する効果があった．しかしながら，バブル崩壊以降の経済の低迷，企業活動の国際化や「モノ言う株主」の出現により，企業研究開発は営利志向を強めている．そのため，学位取得のための研究を奨励するような余裕はなくなってきている．

　このような情勢を見極めれば，論文博士制度はすぐには廃止されないものの，今後期待するのは控えた方がいいだろう．

博士号取得の目標は「独り立ち」スキルの獲得

　大学にいてつくづく感じるのは，専任のプロフェッサー・ポジション（教授および准教授）にでも就かない限り，**研究職や大学教員という職業は実に不安定**ということだ．この傾向は企業の研究員にとっても例外ではない．したがって，研究職を志すのであれば，自分で自分のキャリアを築く覚悟，いつ何時でも自立できるスキルを，博士課程のころから磨いておく必要がある．

昨今はいわゆる「ポスドク余り」が問題となっている．これは当時の政府がポスドク１万人計画を立ち上げ博士号取得者を大量育成する一方，上述のような独り立ちのためのプロフェッショナル・スキル教育がおろそかになり，また大学や公的研究機関のポジション数はそれほど増加せず，著しいギャップが発生したことにほかならない．大学・公的研究機関での研究費の大半は，科研費をはじめとする政府からの補助金である．公的資金に依存している以上，時の為政者の方針や景気により翻弄されるというのも，ある意味致し方ないことだし，充分な救済が図られるべきである．ただ，余ってしまったポスドクも，正直言ってあまりに無防備だったという側面があったことも事実である．

　ならば，助教や講師はどうか．もちろん専任であれば雇用は保証されるから，安定職といえるかもしれない．ただ，大半の研究者はこれらのポジションに安住するのではなく，さらなるステップ・アップのための中間段階と捉えているのではないか．そうだとすれば，そのまま同じ研究室で昇進でもない限り，結局いずれはいつか辞めるわけであり，一過的ということになる．

　それでは，企業の研究職はどうか．人により意見が分かれるところだが，安定かどうかと問われれば筆者の答えはノーである．むしろ企業の研究員の方が，大幅な環境変化にさらされる可能性が高い．

　以下に興味深いデータを示そう．**表**は，日本の製薬業界における企業研究所の変遷である．製薬業界と言えば，この不況のなかでも堅調に業績を伸ばしている．研究者にとっては，いわば安定業種の１つである．しかしながら，この表によれば，実に国内売上上位20社の５社，10位以内では４社で，国内の研究所の統廃合や閉鎖が行われている．外資系企業に至っては，閉鎖と海外シフトの傾向が著しい．統合の場合は研究機能そのものは存続するが，研究員個人にすれば，必ずしもそれまでの研究テーマを継続できるかは定かでないし，ずっと研究職でいられるという保証もない．企業は顧客や競合企業，株主からのプレッシャーにさらされている営利組織であり，個人の研究上の自由は大学よりはるかに狭

表●日本の製薬業界における企業研究所の変遷

国内売上順位	企業名	研究所の扱い
1	武田薬品工業	大阪市とつくば市の研究機能を統合
4	ファイザー	中央研究所を閉鎖・ベンチャー企業としてスピンアウト（2008年）
6	ノバルティス・ファーマ	筑波研究所を閉鎖（2008年）
8	グラクソ・スミスクライン	つくば研究所を閉鎖（2007年）
20	バイエル薬品	京都研究所を閉鎖（2004年）

売上順位はIMSジャパン（2007）より

いと考えてよい．それでもあくまで自前の研究にこだわりたいというのであれば，会社を辞めて社外に活路を見出すしかない．

また，最近は企業の合併・買収（M&A）が活発である．長らく勤めていた日本企業がある日突然外国の企業に買収されることももはや珍しくない．仮にそうなった場合，**日本的な価値観やスタイルは通用しないものと考えた方が賢明だろう**．加えて，大手企業の研究職について言えば，これまでの修士採用から博士採用へのシフト，国籍を越えた採用の傾向が鮮明である．欧米スタンダードでしか物事を判断できない外国人研究所長と，インドや中国出身の優秀な若手Ph.D.に囲まれ，英語のコミュニケーションも満足にとれず，不遇をかこってしまうというような事態も，決して絵空事ではないのである．

それならば，どのような対策が有効だろうか．まず第一に，**研究者は職の不安定さを当然のものと受け止めなければならない**．研究職とは人頼みではない，「芸が身を助く」世界なのである．そのためには，3～4年間の博士課程教育のなかで，単なる実験スキルの習得ではない，独り立ちするのに必要なプロフェッショナル・スキルと戦略眼を身につけ，自己防衛するのが結局のところ最も安定な道である．あるいは，そのような意識のもとで行われる博士課程教育こそが，次世代の研究リーダーとなる強い研究者を育てると考える．

第1章　データでわかる最新バイオ博士研究者事情

2. 博士号とPh.D.の違い

仙石慎太郎

　前節で述べたことは今に始まったことではなく，すでに語られてきた内容である．しかしながら，日本では依然として「ポスドク余り」や「オーバードクター」などの問題が解決されず，博士課程に進学しようとする学生の意欲をくじいている．

　筆者の知る限り，欧米社会ではそもそもPh.D.余りが社会問題になるような事態は少ない．社会のしくみとしてPh.D.ホルダーには相応のリスペクトがおかれているし，仮に余ってもそれはあくまで自己責任，という風潮があるためである．シリコン・バレーの街中にはPh.D.ホルダーのタクシー運転手が多数おり，乗ってくるバイオ・ベンチャー企業の役員に自分の能力をアピールしているというのは，私が現地の方から伝え聞いたまことしやかな話だ．

　それでは，なぜ日本ではポスドク余りやオーバードクターのような現象が起き，かつ社会問題化されるのか．筆者はこの原因を，日本と海外における学位の成立過程の違い，社会の認識の相違にあると考えている．つまり，「博士」と「Ph.D.」は本質的に異なる概念なのである．以下，その理由を解説しよう．

「Ph.D.」と「博士」はもともと似て非なるもの

　「Ph.D.」の歴史を紐解いてみると，この称号は，中世（13〜14世紀）のヨーロッパにおいて，知の生産と普及に生涯を捧げた者に対する称号として発生したと言われている．普及したのは19世紀で，ドイツのFriedrich Wilhelm Universityにおいて，自然科学・人文科学の基礎研究において一定の業績を収めた研究者に授与されてからと言われている．

　一方の「博士」の歴史はもっと古く，律令制の時代にまでさかのぼる．少なくとも，平安時代中期に編纂された格式「延喜式」（927年）には，

図1●平安京の大学寮址

国家の制度としての博士（はかせ）の役職と役割が，実に事細かに規定されている．これによれば，「大学寮」に，文章，明経，明法，算，音，書の六博士が設置され，それぞれの専門を担っていたという．

現代の博士号は，「学位令」（1887年）により定められたもので，当初は法学，医学，工学，文学，理学の五博士が制定され，その後学問分野の発展に伴い拡大された．千年近い時の隔たりがあるにもかかわらず，コンセプトや位置づけがほとんど変わっていないのは，さすが日本の伝統というか，驚くべきことである．ちなみに，平成19年に施行された「助教」も，この「延喜式」に「博士を補佐する職」として定められていた．実に一千年ぶりのリバイバルである．

このような歴史的経緯から明らかなように，**「Ph.D.」は学術的要請から発生した，研究に従事するものとしての「姿勢」あるいは「業績」の証である**．一方の**「博士」は時の国家が役職・制度として策定した，いわば「専門性」あるいは「役職」の証**といえる．

日本の「博士」は欧米の「Master」に近い？

　筆者は前節で，欧米において修士は研究者の称号としてみなされていないと述べた．それでは，日本の修士に相当する「マスター（Master）」とはどのような学位なのだろうか．

　マスターの称号もPh.D.とほぼ同時期，中世（13〜14世紀）ヨーロッパで発生したと考えられている．マスターの語源はラテン語のmagisterで，親方や主人を意味し，転じてギルドの親方をはじめとする高度な専門家，「匠」をたたえる称号として定着した．英語の「マスター」はドイツ語では「マイスター」，イタリア語の「マエストロ」であり，こちらの方が本来の意味がわかりやすい．

　この伝統により，欧米社会では学位のマスターももっぱら職業的学位（Professional Degree）として用いられている．MBA（経営学修士），LLM（法学修士），MPH（公衆衛生学修士）などがその代表例であり，これらの取得はいずれもその分野の専門職大学院により行われる．このように，マスターは欧米では一貫して高度な専門性の証であり，前にみたPh.D.すなわち（研究者としての）資質の証とは異なる．だから，マスターを取得してもその人は研究者という職業人としてはみなされにくいのである．

　専門性の証という意味では，今日の日本の博士は，むしろ欧米のマスターの位置づけに近い．

「博士＝専門家」という拘束

　このように考えると，ポスドク余りのような現象が日本にのみ発生している状態をうまく説明することができる．

　結局，日本では，「博士」とはあくまで何らかの分野の「専門家」なのである．それは，学位に「○○博士」や「博士（○○）」というように取得分野が併記されていたり，大学院教育を「専門教育」と呼ぶことにも象徴されている．博士とは専門家なのだから，他分野への転向は通

常起こりえないし，自分が学んだ分野を研究者生命を懸けて追求することが最善とされる．したがって，専門家の宿命として，その分野で独り立ちできればラッキーだが，できなければ「余る」ことになる．

　教育姿勢の影響も大きい．かつての律令制度の時代のように，己の専門を極めることが目的であり，学業を修めて国家に雇われることが前提であれば，一心不乱に研究課題に打ち込んでいればよい．つまり，職業人訓練の必要などないし，むしろ不要なのである．筆者の偏見かもしれないが，このような「日本の伝統」は現代の大学院教育にも深く根ざしている．

　対して欧米社会におけるPh.D.は，語源であるphilosophiae，「知を好む者」の総称であり続けているようである．筆者のように，分子生物学でPh.D.を修めた者が経営学など社会科学分野の研究を営んでいることは珍しくないし，研究職を離れてコンサルタントやベンチャー企業の職に就くことに対する心理的抵抗もきわめて小さい．これらの職を経て再び大学に戻って来，研究職に就く道も豊富に用意されている．「Ph.D.」は研究者に求められる普遍的な素養や資質の証なのだから，研究者のプリンシプルを守り活動している限り，その活動範囲は学問・ビジネスにかかわらずさほど問われないのである．教育については言うまでもなく，先に述べたような職業人教育を前提としたプログラムが組まれており，多様な分野での活躍機会を下支えしている．

　それでは，いずれの制度が望ましいのだろうか．筆者のスタンスは，明白に，欧米型の「Ph.D.」の後押しである．博士は現代ではもはや官職ではないばかりか，最も基本的な雇用の安定すら保証されていないことは証明済みである．日本の伝統は好きだが，敢えてサイエンスで発揮する必要はない．まして研究者社会はグローバルであり，日本のスタイルに固執するのは危険である．こう言うと，これから博士号を取得しようとする方にとっては頭の痛い話に聞こえるかもしれない．もちろん，欧米型のスタイルがすべて正解というわけではない．大切なのは「博士」と「Ph.D.」には違いがあることを認識しておくことである．

しかしながら,「博士」と「Ph.D.」の違いが本当に歴史的背景や宗教観に根ざしているとすれば,これは相当に手強いことである.大袈裟にいえば,一千年の伝統と決別しなければならない.昨今では「魅力ある大学院教育」イニシアティブなどの政策が敷かれているが,真の変革のためには,まずは学位とは何かについての深い考察,本質的な理解が必要となるだろう.

博士号取得により開ける未来

日本の博士号に関するネガティブな意見ばかりを書いた.ただ本当に知ってほしいのは,**博士号を取得するとさまざまな可能性が開ける**というポジティブな側面である.よく博士号は「足の裏の米粒(取らないと気持ち悪いが,取っても食えない)」などと揶揄されるが,そのようなことは決してない.筆者の場合,恥ずかしい話,要所要所で肩書きの恩恵に与り,分相応の待遇を受けてきたと思っている.研究とは全くの異分野に転出したにもかかわらず,今こうやって大学に職を得ているのもその1つである.

それでは,特に欧米社会で学位取得者がどのように活躍しているのか.筆者がかつて所属していた外資系コンサルティング・ファームのヘルスケア部門の様子を紹介しよう.ここでは,当時の部門メンバー600人のうち約半数がPh.D.,4分の1がM.D.(医師),もう4分の1がMBA(経営学修士)やMPH(公衆衛生学修士)等の修士号取得者などだった.まずこの比率をみても,Ph.D.が主要な戦力として活用されていることがおわかりだろう.

それに,Ph.D.は採用面でも考慮される.Ph.D.は,Advanced Professional Degreeとして認められ,別枠の採用が設けられているのである.この待遇は,必ずしも社会科学系のPh.D.に限らない.ビジネス・コンサルティングの世界では,Ph.D.はそのバックグラウンドの分野を問わず,経営学修士等の専門職学位と同様に評価される.前述の通り,Ph.D.ホルダーは,知的生産活動を行うのに必要な一定の素養とス

キルを身につけているプロフェッショナルと広くみなされているためである．筆者の経験でも，コンサルティングのプロジェクトと研究のプロジェクトとの間には，取り組み姿勢や分析アプローチなどの運用面で共通点は非常に多い．多少の専門的知識や経験を補えば，サイエンスのPh.D.取得を通じて培われたスキルや根性は，そのままビジネスの世界にも転用可能なのである．

このようなキャリア機会はコンサルティング業務に限らない．Ph.D.の素養と資質はベンチャー・キャピタルや投資銀行などのいわゆるアドバイザリー・サービスに共通だろうし，事実，多くのPh.D.ホルダーがこのような世界で活躍している．これらの事例については，**第4章**で詳しく紹介したい．

あるべき21世紀の研究者像

本節を終えるにあたり，これからのあるべき研究者像を考えてみたい．これまでのありがちな例と比較したイメージを，**図2**に示す．

これまでも述べてきた通り，博士課程での教育の本質は職業人教育で

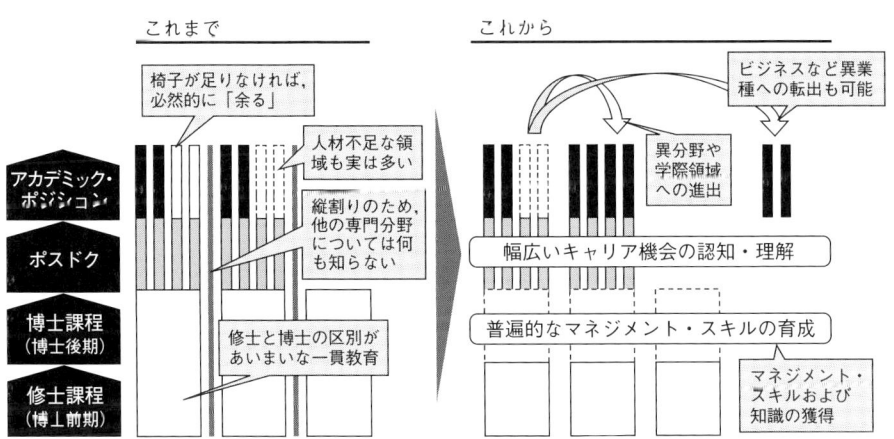

図2 ●21世紀のあるべき博士のキャリアパスと大学院教育

ある.したがって,これから大学院や博士後期課程を志望する方は,進路先候補の研究室や研究科・専攻がこのような教育マインドをもっているか,専攻説明会や先輩・卒業生へのヒアリングなどを通じて,事前に確認しておくことを強くおすすめする.専門性について言えば,サイエンスを実践するうえで一定の専門性は必要だが,修了後は必ずしも同じとは限らないものと考えるべきだろう.

すでに在学中の方は,どうしても自分が所属する研究室の環境に従わざるを得ない.ただ最近は,ITやインターネットの発達もあり,マネジメント・スキル獲得やキャリアの選択肢を知るための機会が豊富に存在する(表).これらの情報を積極的に収集してみよう.本書もその1つ

表●博士課程学生・ポスドクに対するトレーニング機会の例

民間のキャリア支援機関	
・アカリクキャリアセンター	http://www.acaric.jp/career/
・いきいき研究室"増産"プロジェクト	http://ikiiki-lab.org/wiki/index.php
・理系人材のためのキャリアサポートセミナー/研究キャリアサポートのインキュビー	http://www.incu-be.com/sem.htm

大学・公的研究機関のキャリアサポートセンター	
・s-cubic－北海道大学基礎科学PD, DCキャリアパス構築・就職支援サイト	http://www.sci.hokudai.ac.jp/s-cubic/
・大阪大学先端科学イノベーションセンター科学技術キャリア創生支援室	http://www.handai-vbl.net/career/
・九州大学キャリア支援センター	http://www.qcap.kyushu-u.ac.jp/
・京都大学若手研究者キャリアパス多様化促進計画	https://kucp.gakusei.kyoto-u.ac.jp/
・産業技術総合研究所Dr'sイノベーション	http://unit.aist.go.jp/humanres/ci/phd-career/
・東京大学キャリアサポート室	http://www.careersupport.adm.u-tokyo.ac.jp/index.html
・東京農工大学キャリアパス支援センター	http://www.tuat.ac.jp/~career-c/
・東北大学高度技術経営人財キャリアセンター	http://www.rpip.tohoku.ac.jp/carrier/carrier.html
・名古屋大学産学官連携推進本部キャリアパス支援室	http://www.career-path.jp/
・山口大学キャリアパス開発センター	http://www.gse.yamaguchi-u.ac.jp/career/
・理化学研究所キャリアサポート室	http://www.riken.jp/cso/
・早稲田大学ポスドク・キャリアセンター	http://www.postdoc-waseda.com/

のきっかけとしてぜひ活用していただきたい．

　なお，これは大変に残念なことだが，大学教員のなかには未だに学生が外部の機会に触れることを制限する方もおられるようである．そのような場合も，決して泣き寝入りすることなく，勇気と信念をもって堂々と主張をしてみよう．大学院の中心はあくまで学生なのであり，そもそも授業料を支払って教育サービスを受けている立場にあるのである．それに，自分の人生やキャリアには結局のところ自分しか責任はとれないのである．もっとも，このようなコンフリクト（摩擦）・マネジメントは，サイエンスやビジネスの日常では頻繁に起こるものである．このような悪環境も1つの成長機会と前向きに捉え，交渉スキルを磨くことに努めるとよいだろう．

　重要なのは，大学院生活を通じて，**自分が本当にサイエンスの研究に向いているのか，やっていく気があるのか，その場合何が足りないか，ほかに適性や素養を発揮できる分野はないか，常に謙虚に自問自答のうえ，情報収集を怠らないこと**である．過去の延長や惰性で進路を決めてしまうことほど危険なものはない．このような意識と取り組みのもと21世紀のサイエンスとビジネスを担う「強い博士」が誕生することを，自らへの自戒を込めて望みたい．

第1章　データでわかる最新バイオ博士研究者事情

3. 博士号取得者の現状

三浦有紀子

　前節では,「博士号」と「Ph.D.」との間の微妙な,しかし歴然とした違いについて述べた．同じ時間を費やすのなら,博士号ではなく,海を渡ってPh.D.を取得した方が後々の人生にとってトクに違いない．読者のなかにはそう考えて準備を始めている人もいるだろう．本節では,博士号あるいはPh.D.所得者の現状を述べていくことにする．

「博士号」取るべきか,取らなくてもいいのか,取らない方がいいのか!?

　「博士課程に進学しようかどうしようか迷っていると相談されることが多い」と,最近いたるところで聞く．相談される側は往々にして博士号をもっていることが多いので,博士号を取得していなかったら自分はどんな人生を歩んでいただろうかと考えてみる．すると,とてつもなくぼんやりとした姿しか想像できないことに気づく．現在,博士号を必要としない職業に就いていたとしても,だ．それほど博士号取得は,その人の人生において大きな意味をもつ．正確に言うと,博士号が大きな意味をもつというほかに,博士号取得の過程,学位論文をまとめるという作業のなかで,人生に大きな意味をもたらすさまざまな能力を獲得してきたはずなのである．であるから,博士号を取得しなかった自分を想像することが難しいのである．

　しかし,博士号取得の過程で獲得するはずのさまざまな能力は,博士号を取得しなくても獲得できる．そして,現在の日本では,「博士号取得の過程で得られたはずの能力の証」として,博士号が認められていると言い切れないから厄介なのである．

　さらに,若い人たちに博士号取得を迷わせる昨今の事情もある．平成

18年度より始まった文部科学省の「科学技術関係人材のキャリアパス多様化促進事業」に象徴されるように，日本の博士号取得者のキャリアパスは多様ではない．博士号取得者のロール・モデルは，アカデミアで活躍する学者なのである．博士課程に進学する前ならいろいろなキャリアパスを想定できるが，いったん進学してしまえば，アカデミックポジションを得るしか生きていく道はないのか．博士号取得者の成功とは，アカデミアで地位を得ることなのか．しかも，アカデミックポジションを得るのは，かなり大変そうである．どれぐらい大変な思いをすれば得ることができるのかさえ，見通しが立たない．そして，もっと恐ろしいのは，アカデミックポジションを得られなかった自分がどうなっているのかが全く想像できないことである．

　筆者自身のことを申せば，米国NIHでの研究，文部科学省科学技術政策研究所での仕事等，さまざまな人生経験ができたのはすべて博士号を取得したからこそである．しかし，ここで個人的な思いを書き連ねても読者の皆様にお役に立てるのには限界があるので，各種統計情報や関連の調査結果などを取り上げ，マクロな視点から博士号取得者の現状をありのままにお伝えしたい．

米国におけるPh.D.取得者の就業状況

　前項で，博士号取得の現状をありのままに述べると申し上げたが，ありのままに述べるための定量的データがほとんど存在しないのが今の日本である．いかにデータがないのかをここで述べても仕方がないので，データが存在する国について，その内容を簡単に紹介する．

　米国国立科学財団（NSF）は，Ph.D.の現状を把握するために，Survey of Earned Doctorates（SED）を1957年以降毎年，Survey of Doctorate Recipients（SDR）を1973年以降2年ごとに実施している．SEDはその年新たに米国内でPh.DおよびD.Sc.を取得する人を対象に現状と今後の予定等を，SDRは毎年ストックしたSED回答者情報からサンプリングによって選んだ人を対象に，現在の職業や雇用形態，年収等

表1 ●米国におけるPh.D.およびD.Sc.取得者の職業別,雇用部門別の就業状況
　　　（2001年　単位：千人）

職業分類	合計	雇用部門						
		教育機関		産業界			政府機関	その他
		大学等	左記以外の学校	営利企業	自営業	非営利団体		
全就業者	574.9	245.1	18.0	196.9	30.4	28.4	54.6	1.4
S&E[*1]	427.7	200.4	11.0	134.8	21.6	18.1	40.6	1.2
Non-S&E[*2]	147.2	44.7	7.0	62.1	8.9	10.3	14.0	0.2

本調査時点におけるPh.D.およびD.Sc.取得者は,656,550人（76歳未満の米国の大学で学位を取得した米国民および米国在住者）。うち,フルタイムおよびパートタイム就業者（ポスドクを含む）が本表における全就業者,574,890人。四捨五入の関係で計算が合わない箇所もある
＊1：S&E…科学者,エンジニア等　＊2：Non-S&E…管理職,医療従事者,教師,テクニシャン等

　を調査するものである．

　表1には,2001年のSDRで得られた米国のPh.D.およびD.Sc.取得者の職業別・雇用部門別の就業状況を簡単に示した[*1]．ここに示すデータは,米国で学位を取得した後,米国で就業している人についてのみであり,しかも対象学位はPh.D.（Doctor of Philosophy）およびD.Sc.（Doctor of Science）の2種類で,M.D.（Doctor of Medicine）等は含まれない．実際には,取得学位がM.D.のみの科学者や米国外で学位取得後,米国で就業している人が多数存在するので,実感よりはかなり少ないと思う．

　ちなみに,科学者に分類される者は,その専門分野によってさらに分類されているが,バイオのプロフェッショナルであるlife and related scientistsは107,900人で,教育機関に67,600人,産業界に28,900人,政府機関に11,400人という内訳になっている．また,臨床医や看護師,薬剤師等は,non-S&E occupationsに分類されており,Ph.D.やD.Sc.を取

＊1　関心をもってくださった方が,背景に関する知識がさほどなくても簡単に読めるよう,日本語の資料「博士号取得者の就業構造に関する日米比較の試み-キャリアパスの多様化を促進するために-」調査資料-103（文部科学省科学技術政策研究所,平成15年12月）を紹介したい．データはここからの引用である．「大学等」,「左記以外の学校」等の用語についての解説は,本報告書に詳細がある（http://www.nistep.go.jp/index-j.htmlより参照）．

表2 ●日本における雇用部門別研究関係従業者数（2005年　単位：千人）

		雇用部門			
	合計	大学等	企業等	非営利団体	公的機関
研究関係従事者数	1096.1	345.3	659.3	19.1	72.4
研究者数	830.5	291.1	490.6	12.1	36.7
自然科学	−	190.4	うち博士号取得者：135.6	10.5	34.3
うち博士号取得者	−	77.7		2.7	14.0
人文・社会科学	−	100.7		1.6	2.5
うち博士号取得者	−	21.7		0.3	0.2
研究補助者	87.9	11.9	65.2	1.8	8.9
技能者	81.2	12.2	60.1	1.5	7.4
研究事務その他の関係者	96.5	30.0	43.5	3.7	19.3

四捨五入の関係で，計算が合わない箇所もある．大学等には，大学，大学院，大学附置研究所，短期大学，高等専門学校等が含まれる

得後，これらの職業に従事する人は，17,300人にのぼる．それ以外に，76,200人いる管理職，例えば大学の学長や企業のCEO，政府機関のディレクター等のなかにも，専門分野がバイオ系だった人たちは含まれている．

　米国のデータで注目すべきは，教育機関に約45％，政府機関に約10％，それ以外は産業界で学位取得者が活躍しているという事実であるが，分野ごとにみると，コンピュータサイエンス等に比較し，バイオ系の人たちが，大学でポジションを得ている比率はまだまだ高い．しかし，いずれの分野でも教育機関での雇用比率が低下し，産業界での雇用比率が上昇している[*2]．

日本の研究関係従業者数に占める博士号取得者数

　日本の博士号取得者の就業状況の一部分は，科学技術研究調査報告（総務省統計局）において確認できる．2005年のデータを表2に示した．このデータを見て，自然科学系の大学における博士号取得者が意外に少

＊2　National Science Foundation, Info Briefs, NSF 04-328, June 2004

ないことに気づく方も多いだろう．実は，この統計調査で用いられている研究者の定義は，"大学（短期大学を除く）の課程を修了した者（又はこれと同等以上の専門的知識を有する者）で，特定の研究テーマをもって研究を行っている者"となっており，大学に配布される調査票には，"「研究者」とは，「教員」，「医局員・その他の研究員」，「大学院博士課程の在籍者」のいずれかに該当する者をいいます．"とある．すなわち，まだ博士号を取得していない人たちも，かなり含まれてしまうことになる．

なぜ，このような定義になっているのか疑問に思う方も多いだろう．筆者が察するに，「研究者」の定義は，日本の研究開発現場の実情に即したものである．企業において，一流と思われるような研究をしている人が，修士や学士の学位しかもっていないというのは，よくあることである．そういう人たちをカウントしようと思ったら，このような定義にならざるを得ない．そして，この定義に合うように，大学に調査を依頼すると，博士課程の在籍者は当然入ってきて，修士課程在籍者はどうなるのか…という疑問が起こり，回答作成者が混乱するばかりである．そこで，大学への調査票には，丁寧にその境目を書いたというのが調査依頼者の気持ちではなかろうか．この件については，ぜひ統計局の担当者に尋ねてみたいと思っている．

だいたい，科学技術研究調査報告で博士号取得者数を調査しはじめたのも，2002年からのことである．そして，国勢調査をはじめとする日本の統計調査のどこを探しても，今，日本に博士が何人いるのかすらわからない．博士号取得者とは，それほどマイナーな存在なのである．

博士号取得者の年収

先ほど述べたNSFが実施している調査SDRで，年収も質問していることに興味を抱かれた方も少なくなかろう．まず疑問を抱くのは，他の学位に比べてどれぐらい差があるのかということだと思う．S&E分野で就業した場合の学位別平均年俸は，学士レベル59,000ドル，修士レベル

表3 ● 米国におけるPh.D.およびD.Sc.取得者（取得後1～3年）の年俸（1999年）

学位取得分野	平均年俸（ドル）					
	ポスドク	テニュアトラック	その他の教育機関	民間企業等	政府機関	全体
ライフサイエンス	28,000	42,500	36,000	61,000	48,000	35,000
社会科学	30,500	40,000	35,000	53,000	52,400	45,000
数学	40,000	39,500	38,000	60,500	55,200	45,000
物理学	32,700	39,400	39,000	64,000	58,000	52,000
工学	38,000	56,300	55,000	70,000	65,000	66,700
コンピュータサイエンス	−	53,000	60,000	82,000	66,000	75,000
全体	30,000	43,400	33,000	68,000	55,000	48,800

64,000ドル，博士レベル68,000ドル（1999年）となっている．さらに，学位取得分野ごとの平均年俸を表3に挙げたので，ご参考までに[*3]．専門分野が違えばこんなに年収に差が出るのかと，驚かれるのも無理はない．これはあくまで平均であるから，個人差はもっとあるのである．この差が何に由来するのかもご理解いただきたい．各分野や雇用部門における人材の需要と供給のバランスのほか，性別や外国人の比率等にも微妙な影響を受けているのである．米国の学生は，こういうデータを参照して大学院での自分の専攻を選んでいるのかと思うと，いささか複雑な気分ではある．

さて，日本の場合はどうであろうか．賃金構造基本統計調査報告書というものが，毎年厚生労働省から出されている．日本の統計では学士も博士も「大卒」と分類されているから，博士と学士の年収の差を比較することはできない．そこで視点を変え，職業別の給与額表から，いくつかの例を引いてみたのが表4である．この統計調査から得られる情報は

[*3] NISTEP REPORT No. 92 平成15年度～16年度科学技術振興調整費調査研究報告書．基本計画の達成効果の評価のための調査　科学技術人材の活動実態に関する日米比較－博士号取得者のキャリアパス－報告書（科学技術政策研究所，株式会社 日本総合研究所，2005年3月）より引用

表4 ●日本における男性の職業別給与額（2004年　単位：千円）

職業	年齢階層	きまって支給する現金給与額	年間賞与その他特別給与額
自然科学系研究者	30～34歳	385.4	1472.0
	40～44歳	505.1	2081.8
大学教授	40～44歳	604.6	2809.0
大学助教授	40～44歳	546.2	2614.1
システム・エンジニア	30～34歳	356.8	993.3
	40～44歳	453.9	1329.4
医師	30～34歳	734.0	803.9
	40～44歳	1036.4	1398.5
一級建築士	40～44歳	436.8	918.9
航空機操縦士	40～44歳	1329.0	1905.2
高等学校教員	40～44歳	473.7	2221.5

きまって支給する現金給与額：労働契約や就業規則などによってあらかじめ定められている支給条件，算定方法によって調査対象月に支給された現金給与額．所得税，社会保険料などを控除する前の額である．基本給，職務手当，通勤手当，家族手当などのほか，超過労働給与額も含まれる．
年間賞与その他特別給与額：昨年1年間における賞与，期末手当等特別給与額

　この程度である．博士号を取得してから企業に就職する場合としないで就職した場合とで，いったいどの程度の年収の差があるのだろう．

　筆者がヒアリングした企業では，修士と博士の初任給には年齢の差，すなわちだいたい3年分ぐらいの差をつけてはいるという回答であったが，それ以上優遇するつもりはないという．「入社すれば，同じように競争してもらう．そして，頭角を現すかどうかは本人の資質と努力にかかっており，評価されれば，昇進，昇給を手に入れることができるというシステムである」といういたって当たり前の返答があった．ただし，インタビューに応じてくれた研究開発部門のリーダーたちの名刺には，社内での肩書きのほかに，○○博士と印刷されていることが多かったということも付け加えておく．

第1章　データでわかる最新バイオ博士研究者事情

4. 博士号取得者の
キャリアパス

三浦有紀子

　前節では，米国におけるPh.D.等取得者の活動実態を紹介しつつ，日本ではいかに博士号取得者がマイナーな存在であるのかを述べた．本節では，博士課程在籍者やポスドクがどのようなキャリアプランをもっているのか，それがどの程度実現されているのかについて述べたい．

博士課程在籍者，ポスドクのキャリアプラン

　文部科学省科学技術政策研究所と㈱三菱総合研究所が2003年に実施した「これからの人材育成と研究の活性化のためのアンケート調査」では，博士課程在籍者〔博士課程（後期）および博士課程（一貫）在籍者〕368名，ポスドク338名から有効回答を得た．その結果の一部を図1に示す．専門分野による回答傾向の違いはあまり認められなかったので，全体の結果を示すことにする．

　「博士号をもっていることは，あなたが社会生活を送るうえで大きなメリットがあると思いますか」という質問に対して，博士課程在籍者，ポスドクとも肯定的な回答をしたのは，半数に満たない．ではなぜ，博士号取得を目指すのか．博士課程在籍者の多くは，進学の動機を「研究を続けたかったから」もしくは「研究者になりたかったから」と回答している．そして，博士課程修了後，どの組織で勤務したいと思うか（第1希望）という選択式の質問に対し，「大学」と回答した者が40％，「公的研究機関」が30％，「民間の企業・法人」が21％という結果になった．

　これだけを見ると，博士号取得予定者の多くは，研究をするために学位取得を目指し，できれば大学か公的研究機関でその希望を叶えたいと考えていることになる．しかし，「あなたは博士課程修了直後に研究以

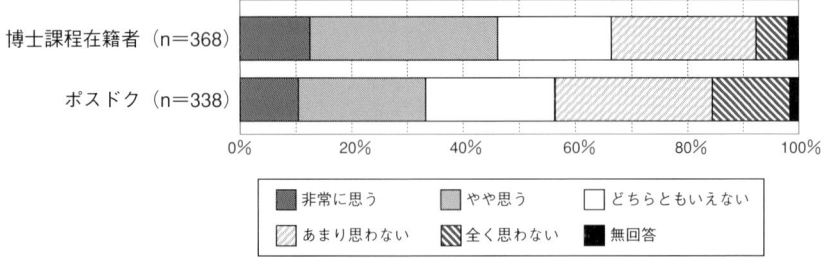

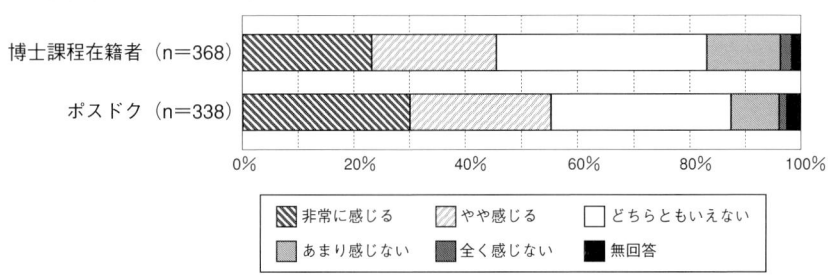

図1●博士課程在籍者およびポスドクに対する意識調査結果抜粋（2004年）

外の業務に従事してもよいと思いますか」という質問に対しての回答は，肯定と否定がほぼ同数であったのである．できれば，研究者になりたい．しかし，現実を考えると，もっと柔軟にキャリアを考えていかなければならない．そのような回答者の声が聞こえてきそうである．

「あなたは将来のキャリアパスについて不安を感じますか」と，ズバリ正面からキャリアに対する不安の有無を質問したところ，博士課程在籍者の半数弱，ポスドクの半数強が「感じる」と回答，「どちらともいえない」が双方とも3割に達した．大学学部卒業予定者や修士課程在籍者に同様の質問をした結果がないので，博士号取得者や取得予定者が特にキャリアパスへの不安を抱えているかどうかはわからない．しかし，多くの人が先行き不安を抱えているのは確かである．

筆者は，キャリアパスについては適度に危機意識をもっていた方がよいのではないかという気がする．逆に，不安を感じていないとすれば，将来の自分の姿を予測でき，その予測に満足してしまっている部分もあるだろうから，飛躍的な向上などないのではなかろうか．重要なのは，**不安によって萎縮してしまわないこと，不安要因を取り除くために少しでも前向きな努力をすること**ではないかと思う．

博士課程修了者の進路

　若い読者の不安要因を取り除くために，筆者ができることは，昨今の博士号取得者，博士課程修了者の状況を信頼できるデータとともにご紹介することだと思う．表1をご覧いただきたい．これは，平成17年度の1年間に大学院博士後期課程，一貫性博士課程を修了した人たちの進路状況である．平成18年5月1日現在で，大学等（おそらく事務局レベル）が把握している分の情報に限られているので，やたら「死亡・不詳の者」が多くなっている．

　さて，多くの人が「研究を続けたかったから」「研究者になりたかったから」という理由で博士課程に進んだわりには，大学教員や科学研究者として就職している人数が少ないと思われただろうか．若い読者の不安要因を取り除くために…と言いつつ，もっと厳しい現実を正直に言うと，「**特任助手**（助教）」であれば実態はポスドクでも大学教員として計上されている．

　このデータを見て，中学や高校の教員，薬剤師や看護師になるのなら，わざわざ博士課程にまで行かなくてもいいのではないかと思われた方がいるかもしれない．しかし，ちょっと待ってほしい．数学を美しいと思うまで突き詰めることができた人が中学生に数学を教えるとどうなるだろうか．他の職業についても同様のことが言えると思うが，やはり，研究に没頭した経験がある人が教える数学は何かが違うと思う．

　教員の話になったので，特別免許状制度についても少し触れておきたい．博士課程修了直後に中学や高校の教員になった人たちは，大学在学

中に教員養成教育を受け，教員免許を取得済みであったと思うが，教員免許をもっていなくても中学や高校の教員になれる道があるのをご存知だろうか．特別免許状とは，「学士の学位，担当する教科の専門的知識・技能，社会的信望，熱意と識見を持つ者に対し，その者を教員として任命又は雇用しようとする者（教育委員会，学校法人等）の推薦に基づき，学識経験者（認定課程を有する大学の学長又は認定課程を有する

表1 ●博士課程修了者の修了直後の状況（2005年　単位：人）

	計	理学	工学	農学	保健[1]	その他[2]
博士課程修了者	15,286	1,421	3,341	1,104	4,730	4,690
進学者	111	12	4	3	29	63
就職者	8,746	737	1,929	554	3,589	1,937
専門的・技術的職業従事者	8,195	697	1,761	524	3,570	1,643
科学研究者	1,963	366	545	295	418	339
各種技術者[3]	1,848	236	1,185	89	145	193
大学教員	2,114	107	367	106	694	840
その他の教員[4]	332	41	90	17	7	177
医師，歯科医師，獣医師，薬剤師	2,264	―	―	20	2,242	2
保健師，助産師，看護師	20	―	―	―	18	2
その他の医療従事者[5]	105	―	5	2	78	20
芸術家[6]	8	―	2	―	1	5
その他の専門的・技術的職業従事者	201	29	14	9	25	124
その他の職業従事者	551	40	168	30	19	294
臨床研修医	43	―	―	―	43	―
専修学校・外国の学校等入学者	270	21	16	36	78	119
一時的な仕事に就いた者	753	127	127	101	27	371
上記以外の者	3,950	415	907	355	827	1,446
死亡・不詳の者	1,436	110	358	55	138	775

博士課程修了者には，博士号を取得していない満期退学者を含む．就職者数には，進学しかつ就職した者を含む．
1) 医学，歯学，薬学，看護学等（表2も同様）
2) 人文科学，社会科学，家政，芸術，その他の分野
3) 農林水産業・食品技術者，機械・電気技術者，鉱工業技術者，土木・建築・測量技術者，情報処理技術者，その他の技術者
4) 幼稚園，小学校，中学校，高等学校，高等専門学校，短期大学等の教員
5) 医療技術者，栄養士，その他保健医療従事者
6) 美術家，写真家，デザイナー，音楽家，舞台芸術家
出典：学校基本調査報告書（平成17年度）

学部の学部長，小学校，中学校，高等学校，中等教育学校，盲学校，聾学校又は養護学校の校長及びその他学校教育に関し学識経験を有する者）からの意見聴取を経て，教育職員検定により授与される教員免許のことであり，昭和63年の教育職員免許法の改正により制度化されたもの」である[*1].

　この免許制度は，優れた知識・技術をもつ学校外の社会人を積極的に教育現場で活用するために生まれた制度であるが，免許交付状況を丁寧に見ていくと，「農学博士，研究者4年」で中高の理科の特別免許状を取得した例などもある．この免許状，現在では，3年以上の在職年数と所定の単位（中・高の専修免許状の場合25単位）の修得により普通免許状を取得できる道を開いてくれる．

　少しずつではあるが，博士号取得者が研究経験をもって，広く社会のニーズに応えられるような基盤も整備されつつあるのである．

Column　　　　　　　　　　大学教員の待遇

　収入の話になって恐縮だが，経済的な待遇は，大学より民間企業の方がかなりいいらしいことはわかっている．「大学に移ったら，年収が激減してカミさんに文句言われちゃったよ」と，こぼす先生にはお目にかかったことがあるが，その逆はない．国立大学法人には，行政官が教員ポストに出向する例もあるが，給与の差額をどう埋めるのかに苦労するという話も聞く．それでも，大学教員は魅力的だ．厳しいポスト獲得競争をするだけの価値があるというのであれば，それを証明する必要がある．このままでは，優秀な人が大学に残りたがらなくなると思うのは考えすぎだろうか．　　（三浦有紀子）

[*1] 情報を提供いただいた神戸大学発達科学部教授小川正賢先生に謝意を表します．詳細は下記サイトを参照のこと．http://www.mext.go.jp/b_menu/shingi/chukyo/chukyo0/toushin/020202/020202e.htm#top
http://www.mext.go.jp/a_menu/shotou/kyoin/katsuyou/pdf_a/14.pdf

ポストドクターの進路

　2007年11月にようやく，日本でポスドクになった人たちがその後どうなっているのかという報告が，文部科学省科学技術政策研究所から出された[*2]．この報告に使われているのは，文部科学省「科学技術関係人材のキャリアパス多様化促進事業」平成18年度採択の8機関（北海道大学，東北大学，独立行政法人理化学研究所，早稲田大学，名古屋大学，大阪大学，山口大学，九州大学）のみのデータである．なぜ，この8機関に限られたデータ取得になったのかといえば，この調査を計画した段階で直面した数々の問題による．その問題についてここでは触れないが，少なくともこれからポスドクのキャリアパス多様化に取り組もうとする機関がその事業開始のために収集した，あるいはこれからするであろう情報を利用させていただこうと考えたのである．

　調査対象になり実際にデータが取得できたポスドクの数は3,870名で，もともと調査対象にしたかった「大学・公的研究機関等におけるポストドクター等の雇用状況調査（平成18年度調査）」におけるポスドク15,496名の4分の1にあたる．この調査では，平成17年度（前年度）にポスドクとして在籍した者が今年度どうしているのかを各機関の担当部署に回答していただいたのだが，大学によっては指導教官にまで連絡し確認をとったと思われる．

　調査の特性上，この3,870名のうち67.0％（2,592名）は同じところでポスドクをやっているという結果になった．ここでは残りの1,278名について詳細にみていく．他の機関に所属が変わっても，またポスドクをやっているという者が310名にのぼる．このうちの156名が海外の機関に移動している．外国籍の者が自国に戻るケースもあるが，無視できないのは日本人が外国に転出する例である．日本でポスドクをやったにも

[*2] 調査資料148　ポストドクター進路動向8機関調査　文部科学省『科学技術関係人材のキャリアパス多様化促進事業』平成18年度採択8機関に対する調査（平成19年11月）

かかわらず，セカンド（サード？）ポスドクを外国でやらざるを得ない者が多いのは，研究者としてのスキルアップ，キャリアアップが困難な現状を示している．

米国NIHでポスドクになるには「Ph.D.取得後5年以内」という規定があることはかなり前から知られているが，日本でもイノベーション25（2007年6月閣議決定）[*3]のなかで「…ポスドクが概ね5年の間に自立して新しい領域の開拓等に挑戦できる機会を与え…」と謳われ，今後関連の制度が改定されていくものと思われるが，それによりポスドクの第三国への流出が加速される可能性もある．

課程博士と論文博士

今の日本には，大学院で所定の課程を修了しなくても博士号を取得できる道があることはご存知だろう．表2には，平成14年度に授与された博士号の数を示した．この年，理系全体で約40％，保健系に至っては半数弱の学位が，博士課程修了以外の方法で授与されている．いわゆる論文博士といわれるものであるが，これからは数が少なくなってくるだろう．

第1章-1でも述べたように，平成17年9月に中央教育審議会が「新

表2 ● 自然科学系の博士号授与数（2002年　単位：人）

学位取得分野		博士号授与数			満期退学者数
		合計	課程	その他	
自然科学		13,683	8,215	5,468	1,817
（内訳）	理学	1,651	1,310	341	297
	工学	3,921	2,542	1,379	531
	農学	1,258	869	389	173
	保健	6,853	3,494	3,359	816

出典：科学技術要覧平成17年度版，学校基本調査報告書（平成14年度）

[*3] http://www.cao.go.jp/innovation/innovation/decision/index.html

時代の大学院教育—国際的に魅力ある大学院教育の構築に向けて—」と題した答申を出した．そのなかで，論文博士制度については，廃止の方向で検討することが必要であるとの見解が述べられている．この制度が日本独自のものであることや大学院博士課程の教育内容等の充実が図られていくことが前提となって，廃止する方向に向かうようだ．

長年の仕事の成果をまとめて学位取得を目指している人たちのことを考えると，いつまでに廃止するとは言えない事情があり，廃止に至るまでの条件整備や期間については検討されることになっている．しかし，今，修士課程を修了し就職する人が，この先必要になったり，就職先でチャンスがあったら，学位取得を…と考えているのなら，この答申内容をよく理解しておく必要があろう．

Column　　　　　　　　　　　　　　　ポスドクの待遇

またまたお金の話になってしまうが，ポスドクの給与格差が深刻になっている．理化学研究所の基礎科学特別研究員が税込487,000円/月，日本学術振興会の特別研究員が446,000円/月（SPD），364,000円/月（PD）（いずれも平成17年度実績），JST CRESTポスドク年俸4,362,000円（博士号取得後1年目）を支給されている一方，研究責任者が獲得した競争的資金から人件費を捻出している場合等では，かなり抑えた額になっているようだ．

これは，日本に限ったことではない．NIH（一部のキャンパスを除く）では，Visiting fellowに対して学位取得後1年目から39,800〜44,100ドル/年（http://www.training.nih.gov/stipends.asp）が支払われている一方，大学ではボスの都合で決められていることも多いと聞く．

日本のポスドク支援制度関係者は，優秀な人が敢えてリスクを取ろうとしてくれる，その心意気に少しでも応えたいと考えた結果の報酬額であるという．自分がいくら貰えるのかを交渉するのは，なかなか勇気のいることかもしれない．しかし，少なくとも海外でポスドクをする場合には，年額いくら貰えるのか，健康保険料込みか別か，どのように支払われるのか等を契約書にサインする前にきちんと確認しておくことをすすめる．　　（三浦有紀子）

博士号取得者の自己評価

前述の中央教育審議会の答申には，大学院教育の目指すべき方向とそれを実現するための方策が挙げられているが，いったい，今の大学院教育に欠けているものとは何だろう．冒頭でご紹介したアンケート調査では，研究するうえで必要な能力のいくつかを挙げ，それらをいつ，どのような方法で習得したのかについて，ポスドクに質問した．結果の一部を図2に示す．

総括から述べると，大学院博士課程は，能力習得の場として大いに貢献していると言える．回答を寄せてくれたポスドクは，さまざまな能力

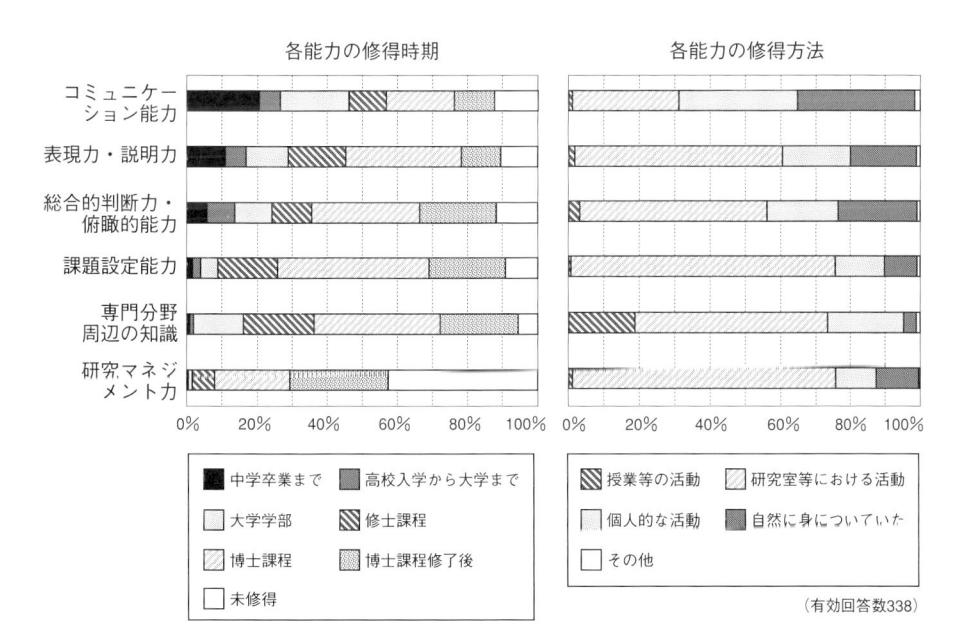

図2 ● ポスドクが研究に必要な能力をいつ，どのように習得したか

上記以外に尋ねた能力としては，
- 専門分野の知識【最大値：46.4％（博士課程），68.3％（研究室等における活動）】
- 論理的思考力【同：31.1％（博士課程），49.7％（研究室等における活動）】
- 文献調査・データ分析能力【同：41.1％（博士課程），69.5％（研究室等における活動）】
- 創造性【同：23.4％（中学卒業まで），30.5％（研究室等における活動）】
- 粘り強さ・忍耐力【同：34.0％（中学卒業まで），40.8％（自然に身についていた）】

を主に博士課程の段階で研究室等における活動に携わることで習得できたと認識している．しかし，取り上げた能力ごとに詳細に見ると，問題がないわけではない．例えば，専門分野周辺の知識については，研究活動のなかでというより，「授業等の受講」による方が効率的に習得できそうな気がするし，コミュニケーション能力が「自然に身についていた」，「中学卒業まで」に習得したというレベルでは，到底社会の第一線で活躍するには足りないような気がする．

　そして，何より問題視されるのは，「研究マネジメント力」が「未修得」（42.6％）という回答が非常に多かったことである．回答者の残り半数は，「博士課程」（21.3％）や「博士課程修了後」（27.2％）のポスドク時代に習得したと回答している．この違いはどこから生じるのか．回答はあくまでも主観であるから，人によっては充分その能力を有していても，「自分はまだまだ」と思っている場合もあるかもしれない．しかし，少なくとも「こういうことができるようになっていれば，この能力はあるといえる」という自分なりの尺度に沿って判断したうえでの回答であるから，「未修得」と回答した人が，今すぐ高度な「研究マネジメント力」を求められるPIポジションを積極的に取りにいくとは思えないのである．このアンケート調査結果は，大学院時代，特に博士課程時代をどこでどのように過ごすべきかという強烈な問題提起をしている．

　博士号取得者の状況について，どちらかといえば暗い話が多いのは事実である．その理由の1つは，われわれを取り巻く制度上の不備であろう．いわゆる「大学院重点化」が推進され，博士課程修了者数は劇的に増加した．その速度に制度改定が追いつけるはずがなかった．この状況を客観的に観察すれば，単なる制度不備で片づけられる話かもしれない．しかし，主観的にみればこのような状況下でも個人のキャリアをしっかり確立していかなければならないことに変わりはない．今の自分に何ができるのか，何をすべきなのか，それをやり遂げるためにこの状況とどうかかわっていけばよいのかを考え，見極めることによって将来のキャリア設計が可能となるのではないだろうか．

第2章

博士に求められるスキル

　前章の最後で，研究者が普遍的なマネジメント・スキルを習得することの意義を解説した．本章では，そのスキルをどのように身につけたらよいか，具体的な方法論を扱う．筆者は長年にわたり研究・ビジネス両方のリーダーを観察してきたが，有能なリーダーはほぼ例外なくこれらのスキルをキャリアの過程のどこかで身につけており，不可欠な能力といえる．

　マネジメントの経験面は実践で会得するしかないが，スキル面は自己の取り組み努力によりいくらでも向上させることができる．しかも，今日ビジネス・スクールで教えられているようなマネジメント・スキルは自然科学研究の思考法と非常に相性がよいのである．マネジメント・スキルの代名詞である外資系経営コンサルティング・ファームにしても，その理論体系はある一人のロケット・サイエンティスト（工学博士）によって築かれたというのは有名な話である．

　本章ではその入門編として，戦略的思考力，問題発見・解決力，コミュニケーション・スキルおよびプロジェクト・マネジメント・スキルの4つのスキル，およびキャリア設計とキャリアアップの具体的行動について解説する．

第2章　博士に求められるスキル

1. 戦略的思考力

仙石慎太郎

　本章-1〜3では，職業的研究者，すなわちプロフェッショナルとは何かを確認し，プロフェッショナルとなるに必要なマネジメント力とは何かを整理したい．ここでのキーワードは，「戦略的思考力」「問題解決力」および「コミュニケーション・スキル」の3つである．一見ビジネス的で難しい印象をもたれるかもしれないが，いずれも研究者に必要となる能力である．

研究のプロフェッショナルとは？

　話を始めるにあたり，バイオ研究における「プロフェッショナル」とは何か，確認してみよう．今日書店の経営書や実用書コーナーに行けば，このプロフェッショナルなる言葉を用いた多くの本が刊行されていることに気づく．また，NHK総合テレビ「プロフェッショナル 仕事の流儀」では，毎回さまざまな分野の達人が取り上げられ，視聴率も好調のようである．

　このように一般語として定着した「プロフェッショナル」は，さまざまなニュアンスを含んでいる．それは高度な専門性であり，洗練された技量であり，俗に「プロ」と呼ばれる職業人としての取り組み姿勢であり，などである．しかしながら，こと日本のサイエンス社会では，このプロフェッショナルという概念が狭く捉えられている気がしてならない．

　もし仮にNHKの「プロフェッショナル」が，単にその人の専門性や技量の紹介をする番組だったとすれば，果たして視聴者はどこまで観るだろうか．ほとんどの視聴者は，その人の専門性や知識の背後にある，仕事に懸ける熱い思い，壮大なビジョン，困難に立ち向かう精神力とこ

れを克服する実行力，すなわち文字通り「職業人」としての生き様に感銘を受けているのではないだろうか．

　もしそうだとすれば，研究者としてプロフェッショナリズムを追求していくためには，研究に懸ける熱い思いや専門性とともに，プロフェッショナルすなわち職業的研究者として求められる意識，素養，幅広い能力を早期から磨き上げていくことが不可欠といえる．逆にそうでなければ，融通のきかない専門家として扱われ，プロフェッショナルとして評価されることにはならないだろう．

　また日本では，研究の成功の要因をとかく「弛まぬ努力」や「不屈の精神」などの精神論で語りがちである．一定の気力体力の充実は必要だろうが，それは何もバイオ分野の研究者に限ったことではない．また，「努力」は往々にして結果責任を伴っていない．結果が出なくても努力すれば許されるという風潮を生みかねず，これは職業人として望ましくない価値観と思われる．安易な精神論に委ねた教育は，「職人的」研究者の育成には向いているかもしれないが，プロフェッショナルすなわち「職業的」研究者の育成には危険なのである．

戦略的な思考はプロフェッショナルに不可欠

　それでは，研究のプロフェッショナルに求められる素養や能力とは何だろうか．筆者は，これを「戦略的思考力」「問題解決力」および「コミュニケーション・スキル」の3本柱で捉えるようにしている．そのなかで，「戦略的思考力」はこれら3つの柱の中心にあるものである．本節では，まずこの戦略的思考力とは何か，またその実践方法について，順に解説してみたい．

　組織の戦略のみならず，個人個人の戦略的な思考力を重視する風潮は，今日の産業界ではすでに定着している．例えば，経営管理大学院（マネジメント・スクール）の多くでは，ビジネスの基礎知識に加えて，先述した3つの柱は通常は必修カリキュラムとして位置づけられている．日本では1990年代までこのような思考法はまだ特殊技能扱いだったが，最

近は国内大学でもMBAコースが充実し，啓蒙本やビジネス書が多数出版され，ビジネス・パーソンが戦略思考を学ぶ機会は豊富である．さらに，研究者のバックグラウンドを有するコンサルタントやインベストメント・バンカー（投資銀行家）も着実に増えており，これらの人材が企業のR&D（研究開発）活動に助言を与えているばかりか，人材の還流も始まりつつある．

なお，この傾向は必ずしも卒後教育やビジネス教育にとどまらない．2004年4月に社団法人 日本経済団体連合会（経団連）が「初等中等教育における国際教育推進検討会」で発表した資料[*1]では，「与えられた知識だけに頼るのではなく，ものごとの本質をつかみ，課題を設定し，自ら行動することによってその課題を解決していける」次世代リーダーの必須要素として，論理的・戦略的な思考力が専門性や独創性と並んで明記されている．このように，戦略的思考力は，分野を問わず，プロフェッショナルや次世代リーダーを志す人々にとって必須の素養となりつつある．

戦略とは何か？

「戦略」の原義は，その字の示す通り「戦争に勝つための総合的・長期的な計画」である．ただ戦の減った今日では，議論の対象は「戦争」から企業・組織および個人間の「競争」全般に拡大されている．

戦略の概念は古い．そのなかでも最も有名なのは，中国・春秋戦国時代の孫武（孫子）が編纂した『孫子』十二篇だろう．巷では「孫子の兵法」などと紹介されているが，この「兵」とは今日の「戦争」全体を指す語であるから，すなわち戦略論にほかならない．事実，『孫子』では，戦略を国家の存亡の大事と位置づけられており，君主としてあるべき戦

[*1] （社）日本経済団体連合会．「21世紀を生き抜く次世代育成のための提言：「多様性」「競争」「評価」を基本にさらなる改革の推進を-」（抄）2004年4月19日．
http://www.mext.go.jp/b_menu/shingi/chousa/shotou/026/shiryou/04111901/003/005.htm

争観,戦を行うにあたっての基本方針を述べている.その意味で,孫子の教えとは世界最古の戦略コンサルティングであり,関心がある方には一読をおすすめしたい.

戦略の定義は専門家によりさまざまだが,最も一般的な説明は,「持続的な優位性をもって使命感(ミッション)や構想(ビジョン)を具体的な活動を通じ成果につなげるための方法論」となる.簡単にいえば,何らかの目的志向の取り組みにおける,長期的な基本計画となる.

この定義にはいくつか重要なポイントがある.**第一点は,まず目標ありきであるという点**だ.戦略はあくまで使命感構想の下位概念であり,方法論を伴わない戦略は存在しない.しっかりとした目標設定を伴うことが,戦略的思考を実践するうえでの第一歩となろう.

第二点は,持続的な競争優位が求められることである.単発や運頼み

Column 『孫子』にみる戦略的思考法

経営戦略論といえば,理論面ではハーバード・ビジネス・スクールなどの経営管理大学院が,実践面ではマッキンゼー・アンド・カンパニーやボストン・コンサルティング・グループなどのマネジメント・コンサルティング・ファームが,今日有名である.しかしながら,経営戦略論の基本思想は遥か昔,中国の春秋時代にすでに確立していたようである.

『孫子』の「計篇第一」の冒頭では,国家の存亡と明暗を分ける戦争の重要性を説き,「これを経(はか)るに五事を以てし,これを校(くら)ぶるに計を以てして,其の情を索(もと)む.」と意思決定の方法論を示し,かつ評価の枠組み(今日でいう戦略判断のフレームワーク)と評価基準とを,それぞれ「五事(=国家経営における5つの重大要素)」と「計(=各要素を判定するための細項目と基準)」として「科学的に」提示している.さらに,「算(=評価点)多きは勝ち,算少なきは勝たず.」とも述べ,競争優位を確認するための事前検討の重要性を強調している.

戦略的思考法に興味のある方は,ぜひ本書をご一読いただきたい.

(仙石慎太郎)

の成功は戦略とは言わない．自己のみならず他者を充分意識した，長期にわたる計画的な取り組みが前提となる．また，競争といっても，必ずしも同分野の既存の競合だけとは限らない．新たなパラダイムの出現や，自己のおかれた研究環境の変化も充分に考慮したうえで，競争優位をどう確立するか，熟慮する必要があろう．

　第三点は，具体的に達成できるか，ということだ．戦略家はよく，実効性を伴わない戦略のことを「上滑った戦略」という．戦略は単なる努力目標ではない．自己のおかれた立場，組織・業務のしくみ・プロセスといった環境要因，さらには利用可能な経営資源などを熟慮のうえ，あくまで実現可能な戦略を立案する必要がある．

戦略的思考法を研究で実践するには？

　一般に，戦略は立案するよりも実行する方が難しいといわれる．実は，戦略を扱う入門書や実践本をみても，立案から実行プロセスまでをきちんと解説したものは実に少ないのである．「戦略の上滑り」を回避するためには，戦略をより短期的な計画や実行計画（アクション・プラン）に落とし込むための「思考の枠組み（フレームワーク）」が必要である．

　戦略の落とし込みのフレームワークには，例えばアメリカの経営学者であるコリスとモンゴメリーが提案した，「5つの経営要素」が有名である[*2]．5つの経営要素とは，先に述べた①**構想**（ビジョン）に加え，②**目標**（ビジョンよりもより短期的で具体的に表現できるもの），およびこの2つの要素を支える③**資源ベース**（競争優位のために役に立つ有形無形の資産），④**事業群**（取り組みの内容），および⑤**組織構造・システム・プロセス**（組織や業務手順）の3要素である．

　このフレームワークでは，まず①と②を確立し，次いで③〜⑤の3要素の育成に努め，戦略の実施を通じて全体を見直しつつ調和を図ってい

＊2　『資源ベースの経営戦略論』（D. J. コリス，C. A. モンゴメリー／著，根来龍之，蛭田啓，久保亮一／訳），東洋経済新報社，2004

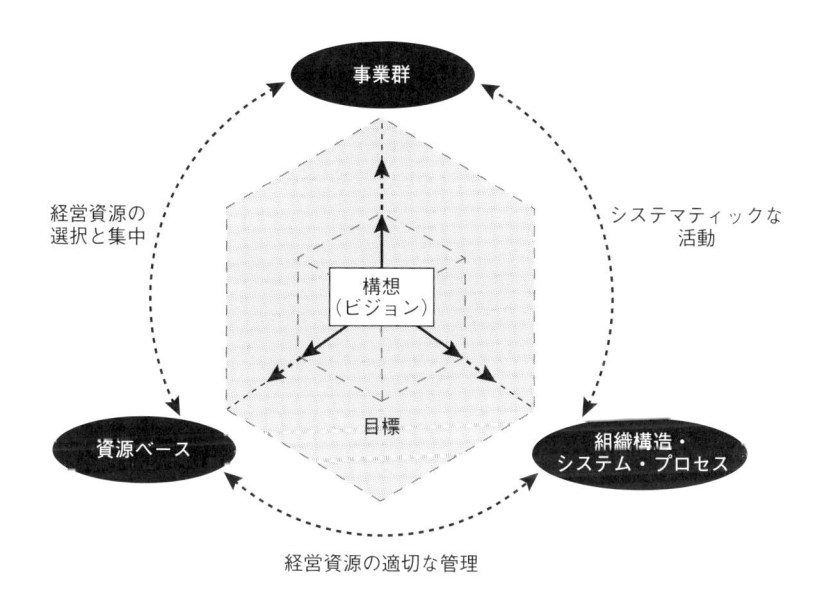

図●戦略的思考のフレームワーク例

くことが，戦略的取り組みの実現を早めると考えられている（図）．少し抽象的な話が続いてしまったが，これを日々の研究活動に当てはめてみるとどのようになるか，より噛み砕いて言えば，以下の5つの問いに答えることが，研究プロフェッショナルとして戦略的思考を実践する第一歩となるだろう．

① **ビジョン：「何を」「なぜ」やりたいのかが明確になっているか？**

　何をやりたいのか，「なぜ」のレベルで説明することが重要．研究者のなかには特定の専門にこだわる向きも多いが，実のところは別の専門でも不自由しないケースも多い．

　また，このビジョンは頭の中に妄想するだけではなく，実験ノートや手記に文章で書く必要がある．また，研究室のミーティングや指導教員とのコミュニケーションを通じて内外に明示しておいた方がよい．

② **目標：中間目標（例えば毎年の目標）が明確になっているか？**

　「目的」とは上記の「なぜ」にあたるが，「目標」は具体的な期日を必

ず伴わなければならない．また，最終的な目標から中間目標へ，中間目標から毎月の活動計画へと落とし込まれているのが理想的な目標設定である．

最終目標は必ずしも最初から詳細である必要はなく，研究を行う過程で変更・更新されていくものと割り切っておいた方がよい．

③ **資源ベース：研究活動を行うのに必要な資源（研究資金，過去の蓄積，器具・試薬類，協力体制など）がどの程度確保されているのか，また確保しなければいけないのか？**

ここでのポイントは，「理想」と「現実」とその「ギャップ」を正確に把握することである．というのは，資源は研究の進捗や成果の度合いにより将来拡大（あるいは縮小）する余地があるものだからである．また，資源は必ずしも所有する必要はなく，共同研究や協力の呼びかけなどを通じて他者から調達することもできる．

④ **事業群：目的・目標を達成するための実施計画（研究プロジェクト）が明確になっているか？**

この部分が，いわゆる狭義の研究計画に相当する．さすがにこの部分は多くの研究教育機関で実践されているため敢えて詳述の必要はない．もし不安を感じる場合は，プロジェクト・マネジメントやラボラトリー・マネジメントの解説書[*3]などを参考にするとよい．

⑤ **組織構造・システム・プロセス：上記の一連の活動は，外部からの要請（研究期間，論文や特許などの求められる成果物，倫理基準や利益相反などの遵守すべきルールなど）と適合しているか？　あるいは，適合するためには何が解決されなければならないか？**

ここのポイントも③と同様，「理想」と「現実」とその「ギャップ」の把握に努めることである．これらは境界条件として付与できる例が多いが，当事者の能動的な取り組みで変わることもありうる．最初は強硬

[*3] 日本プロジェクトマネジメント協会（PMAJ）が書籍を出版している．入門書としては，『トコトンやさしいPMの本』（日本工業新聞社）などがわかりやすい．

に反対していたボスも，研究が進捗するにつれ，理解さらには支援者に回ってくれるケースは非常に多い．政治的な問題あるいは感情論的な反応についても，あくまで論理的に捉え，前向きに解決を模索する姿勢が重要である．

戦略とは「何をやらないか」を決めること

　この言葉は，アメリカのハーバード・ビジネス・スクールの教授のマイケル・ポーター博士の言である．すなわち，戦略を実現するうえで重要なのは，成果を実現するためには，「何をやるのか」ではなく，「何をやらないか」を決めるという発想をもつべきという教えである．

　自分が理想的な環境におかれているのであれば，ビジョンを実現するためにありとあらゆる手段を講じることができる．ただ，そのような環境が存在しないことは明らかといえる．現実的な環境では，資源ベースや外部の環境などの制約により，行えることは実に限られている．特に実験を伴うライフサイエンス研究の場合は，いったん実行に移したら最期，膨大な時間と資源を消費するうえ，途中で軌道修正を行うことは難しい．1日かかる実験を中止すれば，従事時間を減らし健全な生活を送ることもできるだろう．1カ月かかる研究活動を中止することで，その時間資源を別のより価値の高い活動に振り向けることができる．研究室レベルでは，どの研究プロジェクトを推進し，どれを縮小すべきかの判断は，メンバーの研究人生をも左右するのである．

　「理想」と「現実」とその「ギャップ」を見据えたうえ，どんなに小さなアクションについても，それを行う目的は何か，なぜ行う必要があるのか，止めた場合のリスクは何かについて，常に事前に，そして批判的に考える必要がある．

戦略的思考とマネジメント

　マネジメント（経営管理）の経営学上の定義は，「付与の境界条件（研究環境，過去の蓄積，実施期間など）と動員可能な資源（研究資金，

研究技術，人的支援・ネットワーク等）を前提に，自己の定めるビジョンや目的・目標に対して最大の創出価値を提供し，かつ再生産に繋げること」である．噛み砕いて言えば，「**いつまでに何を，どのように行うか，計画と実践の繰り返し**」がマネジメントである．ここで戦略的思考は，このマネジメントを効果的に行うことを強力にサポートする．戦略的思考の実践＝マネジメントと考えても差し支えない．

　ちなみに，マネジメントは日本語では「経営管理」と訳される．「経営」というとビジネスに特有の発想と思いがちだが，そのような狭い概念ではない．というのも，目標に対する資源の動員と創出価値の最大化は，事業活動や基礎研究活動の別を問わず，生産活動を営むうえで共通の目的であるからである．

　また，「マネジメント」というと組織で部下を管理するイメージを与えがちだが，決して他者の支配原則のみではない．組織の管理のみならず，自己の管理にも当てはまる概念だからである．むしろ，各人の自律的マネジメントの上に組織管理が乗っかるスタイルこそが，プロフェッショナルによる知的生産活動の真髄といえるだろう．

　その点で，本来あるべき大学院教育（Ph.D.コース）とは，各対象分野の専門性を磨くだけでなく，研究活動を継続的・再現的に行っていくためのマネジメント力，これを支える戦略的思考力を培う場なのである．研究課題は企業でいうところの事業であり，担当の大学院生はいわばプロジェクト・マネジャーである．定められた期間と条件のなかでプロジェクトを成功に導くためにはこれまで述べてきた戦略的思考が試されるし，これを効率的かつ効果的に行おうとすれば，マネジメント力が自ずと求められるのである．

アカデミアにおける戦略的思考の実践例

　以下は，戦略的思考力の育成に向けた取り組みの一例として，米国ニューヨーク大学の博士課程（Ph.D.プログラム）を紹介したい．

　同校では，日本の修士課程修了に相当するプログラム2年目終了時点

で，研究費申請書（グラント）の作成・審査の演習が学生に課される．演習といっても，博士後期課程に進学し，研究者として独り立ちするだけの素養があるかを問う，事実上の進級試験と考えてよい．ここでは初年度の講義やローテーションの結果をふまえ，自己の研究とは直接「関係のない」テーマを選択し，NIH形式のグラントを作成する．そして関連分野の教授陣3〜5人からなるコミッティが組成され，このコミッティがNIHと同様の形式で模擬審査を行い，スコアと批評を学生にフィードバックのうえ口頭試験を行う．

　日本の博士後期課程に相当するプログラムの後半になると，Thesis proposalという実戦形式の演習が課される．進め方は2年次と同様だが，今度のテーマは自分の研究内容であり，予期される成果（preliminary results）の明記も要求される．学内審査をパスした優秀作は実際に提出され，実研究活動に反映されることもある．このような本格的な演習は，先に述べた5つの経営要素を学生に頭と体で覚えさせ，戦略的思考力を養うことに大きく寄与していると考えられる．

　さらに，地域的な取り組みも盛んである．ニューヨーク科学アカデミー[*4]は，同地域の学生やポスドクを対象としたマネジメント・セミナーを活発に開催しており，さまざまな分野から演者が招かれている．このような異分野の取り組みに触れる機会は，戦略的思考力を育成するうえでよい刺激になるばかりか，キャリア・デザインという「自分戦略」を立案する機会をも提供している．

日本の大学院教育は大丈夫か？

　かつての筆者を含む多くの読者にとって，上述の例は新鮮な取り組み，目新しい単語の宝庫と映るだろう．もしそうならば，このギャップこそ

---

*4　ロックフェラー大学，コロンビア大学，ニューヨーク大学，コーネル大学，プリンストン大学，エール大学，アルバート・アインシュタイン医科大学，スローン・ケタリング癌センター，コールド・スプリング・ハーバー研究所などからなる地域学術機関の共同体．

が，今日の日本の大学院教育が抱える課題そのものといえる．

多くの大学院では依然として「専門」教育には熱心だが，戦略的思考やマネジメント力を体系的に育成しようという機運にはまだまだ乏しい．特に，研究室にこもることを奨励するあまり「自分戦略」を立案する，あるいはその情報を収集するための機会が失われ，今日のポスドク余り問題の温床となっている．

マネジメント教育の姿勢にも問題が多い．ある研究室では，修士（博士前期）課程の最初にもれなく研究テーマが与えられ，快適な実験環境のもと，一終日ラボにこもり，時間無制限に目先の課題に取り組むのだという．少なくない大学院でみられるこのような至れり尽くせりの教育スタイルは，1を2や3に発展させるには最適だろうが，0から1を生み出すことには向いていないように思われる．前章で述べた通り，**Ph.D.に最も要求されるのは，研究課題を遂行する能力ではなく，創出する能力なのである．**

研究者をめぐる環境が大きく変化しているいま，研究者のマネジメント教育をより充実させれば，当事者も国際的かつ多様な分野で活躍する機会を見出すことができ，ポスドク余りなどの問題も解消されるのではないかと期待される．

第2章　博士に求められるスキル

2. 問題発見・解決力

仙石慎太郎

　本節と次節にわたり，バイオ研究に携わるうえで有用なナレッジ・マネジメント手法を紹介する．ナレッジ・マネジメントとは，「知の創造」，「知の活用」および「知の発信」という3つのプロセスについて，その生産性を向上させることを目的としたマネジメント手法である．

　いまや競争的資金や任期制雇用が浸透し，研究者集団のみならず一般社会への説明責任が求められ，キャリア開発にも自己責任が求められる時代である．一種の「知的怠惰」や不作為による資源の浪費は，社会にとって不利益なばかりか，研究組織や研究者個人にとっても不利になりかねない．過去数十年間において飛躍的に向上したナレッジ・マネジメント・スキルに，改めて敬意を払う必要がありそうである．

　本節では上述の3つのプロセスのうち「知の活用」を取り上げる．本プロセスでの重要要素である，問題を発見し，これを解決する能力について解説したい．

問題の発見・解決力とは？

　「知の活用」力強化の第一歩は，問題の「発見力」と「解決力」を磨くことにある．一般的に実験作業の負担が大きいバイオ研究では，発生した問題を早期に発見し，適切な対策を講じていくことにより，知的生産活動の効率を飛躍的に高められる可能性がある．皆さんのなかにも，充分な事前検討を行わないまま実験に没頭し，数週間（あるいは，数カ月）の期間と膨大な労力を費やしたにもかかわらず，結果は今ひとつ，結局振り出しに戻ってしまった，という経験をおもちの方が（筆者も含め）多いのではないだろうか．「一見ムダ」な活動の重要性は否定しないが，そのムダの源泉は公的な資金であり，場合によっては税金で賄わ

れているものである．そのムダをいかに縮小していくかは，これからの研究者に課された社会的責任といえよう．

さて，ここで「問題」という日本語には複数の意味があることに注意しよう．本書で扱う「問題」とは，議題（サブジェクト）や漠然とした問題（プロブレム）という意味ではない．解決を目的として設定された課題（イシュー）を指している．したがって，**問題発見の本質とは「解くべき重要な課題をいかに効率的に設定するか」**にある．課題が的確に設定されれば，解決すべき対象が明確になるのだから，個々の研究活動のつながり，全体の方向性が明確になるし，課題を明示することにより研究グループ内で共有・意思疎通が促進され，研究グループ単位の問題解決を効果的に進めることもできるようになる．

まとめれば，問題の発見・解決におけるポイントは，①**問題の検討の対象や範囲をいかに的確に設定することができるか**，②**範囲内の諸現象を課題として表出し，深掘りや展開ができるか**，そして③**重要な課題や解決策を特定のうえ，結論づけることができるか**，の3つのプロセスを再現的に行っていくことにあるだろう．

以下は，新しい研究テーマを開始するにあたっての判断を例に，問題解決の進め方と有用なツール・考え方について解説していこうと思う．

検討範囲を設定する

問題の発見過程でよくみられるミスは，極論すれば以下の2つである．
① 課題を狭い範囲で捉えてしまい，真の問題を範囲の外側に置き去りにしてしまう
② 範囲は的確に設定されているが検証の「抜け・漏れ」により見逃してしまう

「ひらめき」を英語ではアウト・オブ・ボックス（out-of-box）などと表現するが，これはまさしく従来の思考の範囲（box）の外からアイデアが訪れることを意味する，興味深い表現である．**仮にこの箱のサイズを大きくすることができたら，これまで「ひらめき」と思われた思考**

は，通常の思考の範囲内となり，さらに広範な「ひらめき」を求めることにつながる．その意味でも，論理思考はひらめきの否定ではない．いわば「ひらめきの有効活用」といえるだろう．

　それでは，どのようにしたらこの箱を大きくすることができるのだろうか．そのためには，「ゼロベース思考」および「MECE」の手法が有効である．

1） ゼロベース思考

　「ゼロベース思考」とは，既成の枠を取り外して考えることを意味する．「木を見て森を見ず」，「日本の常識は世界の非常識」などという言葉があるが，これは「木」や「日本」という狭い検討範囲で捉えてしまい，「森」や「世界」の視点を失ったために起こる結果である．特に基礎研究分野は応用研究と比べて不確定性が高く，技術革新やパラダイムシフトの影響も大きいので，よほど注意深く「森」や「世界」を見通す能力が求められる．

　ゼロベース思考を実践するポイントは，以下の3つと言われている．

① 　通説・常識とされている学説や概念をいったん否定すること
　［例］　RNAからDNAが合成されることもあるか．non-coding RNAには意味があるのではないか

② 　自己のおかれた制約条件を忘れること
　［例］　もし世界のあらゆるモデル動物が使えるとすれば，どんな実験を計画するか

③ 　徹底的に思考実験を繰り返すこと
　［例］　クローニングした遺伝子についてどのような解析を行うか

　ポイントは，各々の研究組織や研究者の狭い枠の中で可能性を否定することなく，検討範囲のあるべき広がりを再認識できるかどうかである．どうしても限界を感じる場合は，異なる分野の研究者に議論に参加してもらうなど，他者の知恵を借りるのがよいだろう．

2） MECE・縦横のロジック

　「MECE（ミーシー）」とは「Mutually Exclusive Collectively

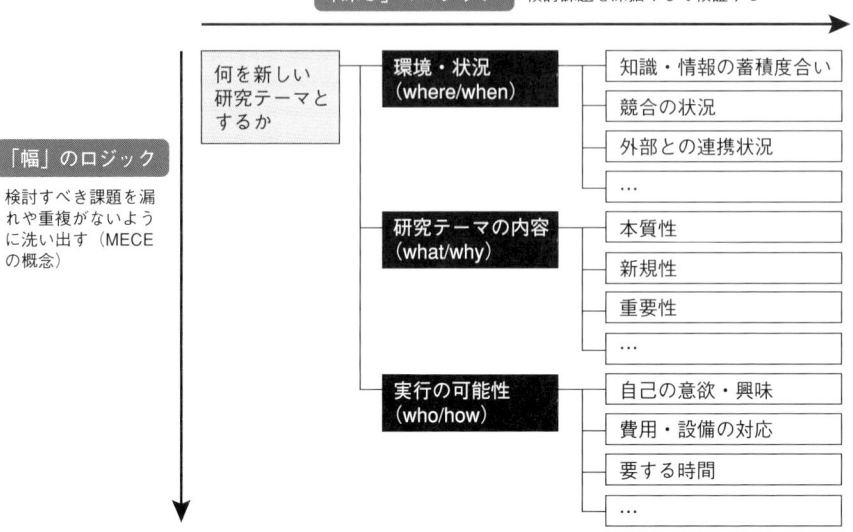

```
                    「深さ」のロジック    検討課題を深掘りして検証する
                    ───────────────────────→

         ┌──────────┐  ┌──────────┐   ┌──────────────┐
         │          │  │ 環境・状況 │──│ 知識・情報の蓄積度合い │
         │          │──│(where/when)│──│ 競合の状況        │
         │          │  │          │──│ 外部との連携状況     │
         │ 何を新しい │  │          │──│ …             │
         │ 研究テーマと│  └──────────┘
「幅」のロジック │ するか    │  ┌──────────┐   ┌──────────────┐
         │          │  │ 研究テーマの内容│──│ 本質性          │
検討すべき課題を漏 │          │──│(what/why) │──│ 新規性          │
れや重複がないよう │          │  │          │──│ 重要性          │
に洗い出す(MECE │          │  │          │──│ …             │
の概念)      │          │  └──────────┘
    ↓    │          │  ┌──────────┐   ┌──────────────┐
         │          │  │ 実行の可能性 │──│ 自己の意欲・興味     │
         │          │──│(who/how) │──│ 費用・設備の対応     │
         │          │  │          │──│ 要する時間        │
         └──────────┘  │          │──│ …             │
                    └──────────┘
```

図1●MECEとロジックツリー(新規研究テーマ立案の例)

Exhaustive」のことで,「相互に排反しているが,それらの総和は世の中のすべてを包括する」要素の集まりを表す.漏れによって起こる重要な課題の見逃しや重複による効率の阻害を未然にチェックすることができるという点で,課題解決に欠くことのできない重要な考え方である.

MECEの概念の活用法としては,ロジックツリーがよく用いられている.これは対象となる事象を,意味のある分類軸に沿って,漏れと重複なく分枝状に展開していく手法である.図1のロジックツリーでは,縦軸が解の幅の広がり,横軸が解の深さの広がりとなっている.「幅のロジック」を確保することで「漏れ」を防ぎ,「深さのロジック」を追求することで問題の「深掘り」を行うことができる,強力なツールである.なおMECEやロジックツリーについては多くの優良な書籍[*1]が著されているので,詳細に興味のある方はこれらを参照されたい.

*1 『問題解決プロフェッショナル「思考と技術」』(齋藤嘉則/著),ダイヤモンド社,『ロジカル・プレゼンテーション』(高田貴久/著),英治出版など

課題 (issue)	状況認識 (situation)	意味合い (complication)	解決策 (resolution)
解決すべき内容や着眼点	事実や観察に基づく状況の認識	特定の課題を念頭においた，状況の解釈，洞察	解釈，洞察に基づく，取るべきアクション，意思決定
「雨に打たれたくない」	「空は青い」	「雨は降らないだろう」	「雨傘は置いて行こう」
研究目的	結果の観察	結果の解釈	結果の判断

単なる「観察」や「解釈」でなく，「判断」を伴ってはじめて当初の目的が達成される

図2●空・雨・傘のイメージ

課題を洗い出し，絞り込む

　問題の検討範囲を設定した次は，課題を網羅的に洗い出し，最も重要な課題（コア・イシューなどという）を探り出すプロセスに移る．有限の時間・資源のなかでは，解決できる問題は限定される．一方，課題の間にも重要度に差があるので，最も解決したときのインパクトが大きい課題を探り当てる能力が求められる．そのためには，「空・雨・傘」および「仮説思考」といった概念を知っておくとよい．

1) 空・雨・傘

　課題を設定するためには，「状況」の認識だけでは不充分である．問題と感じる「状況」が自己の研究活動においてどのような「意味合い」をもつのか，解決のためにはどのような「解決策」が求められるか，常にワンセットで考えることが重要である．この「状況認識（situation）」「意味合い（complication）」そして「解決策（resolution）」のワンセットは，日本語ではしばしば「空・雨・傘」などとたとえられる（図2）．「雨に打たれたくない」という課題に対して，事実の確認（「空は青い」），意味合いの抽出（「雨は降らないだろう」），解決策の導出（「雨傘は置い

て行こう」）が行われて，はじめて知としての活用をみるというたとえである．

2） 仮説思考

課題の展開のしかたには大きく2つのアプローチがある．1つは課題提起型のアプローチであり，課題をオープン・クエスチョン（What, Howなどで始まる質問）として立て，展開して掘り下げていくという方法である．もう1つは仮説検証型のアプローチと呼ばれ，クローズド・クエスチョン（Yes/Noで答える質問）の仮説を立て，その仮説を検証していくように課題を展開するという方法である（図3）．

実際の問題解決の場面では，課題提起型と仮説検証型，双方のアプローチを柔軟に使い分けることになる．具体的には，以下のプロセスとなる．

① 課題提起型アプローチで重要な課題の候補を見つけ出す
② 仮説検証型アプローチで①の候補が本当に解くべき課題なのかを検証する
③ 重要と判断された課題を再度課題提起型アプローチで展開し，新たな重要課題の候補を見つけ出す

Column 　　　　　　　　　　　　　　　　　　　科学者の知的作業

知的作業をいかに効率的に行っていくかという点については，ビジネス界，学術界を問わず，興味関心の高いところである．科学の世界における偉人たちの仕事に対する考え方のなかに，本章の内容に通じる部分を多く発見できることには驚くばかりである．『科学者という仕事』（酒井邦嘉／著，中央公論新社）という本では，豊富な引用文献とともに，その実例を確認できる．例えば，免疫学者のP. B. Medawarは「どんな年齢のどんな科学者でも，重要な発見をしたいと思うなら，重要な問題に取り組まねばならない」と，まさしく「最重要課題を設定する」ことの重要性を述べている．

きわめて秀でた才能をもつ彼らが半ば本能的にやっていることを，われわれは先人の試行錯誤によって洗練されたスキルとして身につけたうえで遂行していくのだ．それなら，充分に勝ち目はある．

（三浦有紀子）

例えば，機能未知の新規遺伝子をクローニングし解析する研究プロジェクトがあったとしよう．その場合，研究のプロセスは，まず解くべき課題に沿って候補遺伝子の網羅的な探索が行われ（課題提起），既知遺伝子とのホモロジーや生体内の発現部位などの周辺情報をもとにその重要性を判断し候補を絞り込み（仮説検証），最重要候補についてはノックアウト動物や発現系を構築して機能の解析を行い（課題提起），その生体内での作用機作を類推・検証し（仮説検証），などと展開するはずである．

このように，課題提起型と仮説検証型のアプローチは車輪の両輪のよ

課題提起型アプローチ

何を新しい研究テーマとするか

環境・状況
・必要な知識・情報の蓄積は？
・競合の状況は？
・外部との連携状況は？
・…

研究テーマの内容
・本質性は？
・新規性は？
・重要性は？
・…

実行の可能性
・自己の意欲・興味はどこか？
・必要な資金・設備は何か？
・要する期間はどの程度か？
・…

オープン・クエスチョン形式で課題を掘り下げ，解くべき課題を探り当てる

仮説検証型アプローチ

○○の研究に着手すべきか

適合性
・ラボラトリーの研究方針，研究領域に適合しているか？
・競合対策は充分か？
・…

必然性
・インパクトはあるか？
・さらなる発展性はあるか？
・…

現実性
・モチベーションは充分か？
・研究に必要な要件はそろっているか？
・期限内に完了するか？

クローズド・クエスチョン形式で課題に対する仮説を立て，検証する

図3●課題の展開の2つのアプローチ

うに交互に出現し，このプロセスを進めることで研究が深まっていく．鋭い仮説を立てることにより，限定された時間や情報のなかで，効率的に知的生産活動を進めることができる．

重要課題を特定し，解決策を立案する

最後は，吟味された課題に対して解決策を立案するプロセスである．前項の「空・雨・傘」でも説明した通り，課題がしっかりと深掘りされ，重要な課題が特定できれば，問題解決の大半は終了したようなものである．ここでは，ロジックツリーと空・雨・傘の概念を統合した「イシュー・アナリシス」を実行して課題を再整理するとともに，「20：80ルール」に基づき効率的な検証を行うことを心がけたい．

1） イシュー・アナリシス

課題解決を明示的かつ体系的に行うためには，「イシュー・アナリシス」が有用である（図4）．これは，与えられた課題を意味のある分類軸に基づいて展開し，ロジックツリーの要領で整理する手法である．展開された課題のなかで，最も影響力のあるものが重要課題となる．重要課題に対しては，その時点における仮説と根拠，解決策のアイデアを付記し，可能であれば，検証手法や担当者，実施期限も明示する．この手法は，各要素の因果関係を明確にしたうえで重要課題を論理的に絞り込める点，また課題の解決策を具体的に明示して研究グループ内で共有・検討できるという点で，非常に強力な思考ツールである．

2） 20：80ルール

全体の20％の情報で確度80％の結論を得ることを意味する．研究成果の最終的な検証は充分な時間と労力を費やし100％あるいはそれ以上の入念さで行われるべきだが，そこに至る過程の意思決定，特に思考・模索段階の意思決定では，必ずしもその精度は要求されない．時間も資源でありコストである．枝葉末節の議論に時間を浪費することのデメリットがメリットを時として上回ることを考慮すべきである．「走りながら考える」〔ジャック・ウェルチ，ジェネラル・エレクトリック（GE）

「深さ」のロジック
検討対象がロジックの飛躍なく深掘りされているか？

「幅」のロジック
検討対象に漏れ・重複がないか？

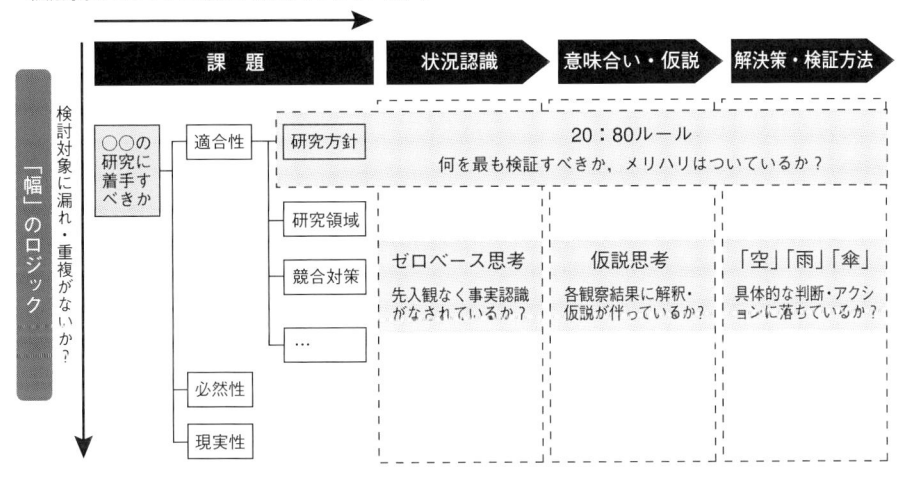

| 課題 | 状況認識 | 意味合い・仮説 | 解決策・検証方法 |

○○の研究に着手すべきか
- 適合性
  - 研究方針
  - 研究領域
  - 競合対策
  - …
- 必然性
- 現実性

20：80ルール
何を最も検証すべきか，メリハリはついているか？

ゼロベース思考
先入観なく事実認識がなされているか？

仮説思考
各観察結果に解釈・仮説が伴っているか？

「空」「雨」「傘」
具体的な判断・アクションに落ちているか？

図4●イシュー・アナリシスと問題解決のチェックポイント

元CEO〕姿勢を徹底し，「ベスト」よりも「ベター」を実行することを心がけたい．

結論づけ，意思決定する

問題解決の最後のプロセスは，問題解決の結果をもとに結論づけ，取るべきアクションの意思決定を行うことである．

いくら時間と労力をかけて検討を重ねても，結論や実際のアクションに結びつけられなければ，問題解決を行った意味はない． 決断の速さや大胆さはその人の性格によるところが大きいのも事実だが，本来必要な検討を充分に行わないまま，ただ「迷う」ために時間を費やしていることが多い．本節で述べたような論理思考（ロジカル・シンキング）を推し進めることこそが，漠然とした「迷い」に陥ることを防ぎ，納得のいく力強い意思決定を行うための有効な手段となる．

なお，何かを「やる」という決断よりも，「やらない」決断の方が時

として貴重であることに注意したい．前節で，「戦略とは何をやらないかを決めること」だと解説した．**何かを推し進めるのはむしろ容易で楽しいプロセスだが，「やらない」決断は勇気を要する．**とりわけ，すでに進んでいるものを「縮小」あるいは「中止」する決断は，時として多くの苦痛と困難を伴うものである．

　何かをやると決定すれば，必ず時間と資源の投資を伴う．資源は時として蓄積も回収もできるが，時間は果たしてそうはいかない．時間を含む有限な資源から最大の成果を生むことがマネジメントの本質である．自戒の念も込めて研究者の方々にはこのことを常に心がけていただきたい．

　本節では，研究活動を行っていくうえで必要となる問題の発見・解決力について，有用と思われる概念・考え方を概説した．定型化された思考法には最初は違和感をもたれるかもしれないが，手法を理解し，実践を重ねることで誰でも身につけられる，再現性が高いスキルである．ビジネス界の知恵を積極的に取り入れ，ご自身の研究活動の生産性向上に役立てていただきたい．

Column　　　　　　　　　　　　　　　競争的資金の課題選定

　どんなに素晴らしいアイデアであっても，資金がないことには着手できない．そして，その資金は競争的に獲得しなければならない．研究プロジェクトはもとより，人材の育成といった大学機能の根幹にかかわるアイデアでさえ，競争的資金を獲得して実行する時代である．

　日本学術振興会の科研費審査の基本的考え方をみると「研究課題の選定に当たっては，研究目的の明確さ，研究の独創性，当該学問分野及び関連学問分野への貢献度等を考慮する…」とあり，かつ「研究成果が期待できるものを選定する」とも書かれている．申請書作成には，自分がいかにナレッジ・マネジメントに長けた人間であるかをアピールしつつ，手のうちを全部明かしてしまわない（審査員は競合相手でもあるので）という高度なテクニックが求められる．

（三浦有紀子）

第2章　博士に求められるスキル

3. コミュニケーション・スキル

仙石慎太郎

　大学の研究室などラボラトリーでは通常，情報共有や意思決定のために多種多様なミーティングが運営されている．主だったところでは研究発表会（ラボ・ミーティング）や論文抄読会（ジャーナル・クラブ）などがあり，シニアになればなるほど教授会や委員会などの会議に多くの時間を費やしている．しかしながら，肝心の運営は経験則に委ねられ，必ずしも効率的でない．

　ミーティングをはじめとするコミュニケーションの巧拙は，チーム活動の生産性を決定的に左右する．ミーティングにはいろいろな目的や形態があるが，その成功の条件は一緒である．すなわち，終了時に期待された成果が得られていること，その成果が付加価値を伴っていること，その付加価値が個別検討を超えるものであること，の3点が満たされていれば，ミーティングした意義があるといえる．逆に1つでも満足されていない場合は，敢えて参加者全員が貴重な時間を共有する必要はないかもしれない．

　コミュニケーションについては，ビジネスの世界では今日ではさまざまな手法が考案されている．詳細は専門書に譲る[*1]として，本節ではコミュニケーションを成功に導くためのノウハウについて，ミーティングの運営とプレゼンテーションの技法の2点に絞って解説したい．

ミーティングには4つのモード（類型）がある

　なにより重要なのは，ミーティングは必ず目的と期待成果を伴わなければいけないし，ミーティングの参加者は自分の役割を認識していなけ

[*1] 『ロジカル・シンキング－論理的な思考と構成のスキル』（照屋華子，岡田恵子／著），東洋経済新報社
『考える技術・書く技術－問題解決力を伸ばすピラミッド原則』（バーバラ・ミント／著，グロービス・マネジメント・インスティテュート／監修，山崎康司／訳），ダイヤモンド社

ればならないことである．ただ，ミーティングのテーマや参加者はさまざまであり，上手な運営のためにはコツが要る．ここでは，ミーティングの類型化を通じて，この問題を整理してみたい．

1) 目的：課題提起（発散）か仮説検証（収束）か

目的とは，そのチームがミーティングによって何を目指すかであり，**課題提起型**と**仮説検証型**に分けられる．この2つの分類は，前節で述べた問題解決の2つのアプローチにそのまま対応している．もっとも，ミーティングという行為も，問題解決プロセスの一環なので，当然と言える．

課題提起型の場合，議論の目的は課題（イシュー）の特定である．すなわち，提示された課題の解釈や意味合いを吟味し，当初の課題を掘り下げることで新たな課題につなげ，次の行動に反映させるための行動計画（アクション・プラン）を議論する．逆に仮説検証型の場合は，議題は主として仮説の吟味である．すなわち，その仮説がそもそも証明に値するのか，何をもって証明を成すのか，誰がどのように証明するか，また証明可能なのか，などを検討し，検証のための具体的な行動計画を導出する．

課題提起型か仮説検証型かは，簡単に言えば，ミーティングの結果得たいものが課題のキーワードなのか，あるいはYes/Noの判定なのかということである．アイデアの場合は，萌芽的な発想をチームの議論を通じて発展させたり，画期的なアイデアを発掘することにある．逆に，判定の場合の狙いは，提案された事項を可能な限り事実に基づいて検証し，結論づけることである．

2) 期待される役割：アウトプットかインプットか

目的のもう1つの捉え方は，参加者各人がどのように振る舞うべきか，その役割である．例えばサッカーの試合では，状況によりオフェンスとディフェンスが瞬時に交代し，各プレイヤーはその都度自己のおかれた状況を自力で判断する必要がある．ミーティングにおいても同様であり，

	ミーティングの「期待される役割」	
	インプット ⟷ アウトプット	
課題提起	1) 事実や仮説をもとに新たなアイデアを創出する アイデア創出 （ブレイン・ストーミング）	3) 新たな研究課題を探し出し提起する 研究提案 （リサーチ・プロポーザル）
仮説検証	2) 既存の事実や仮説を検討する 論文抄読	4) アクションの結果を確認する 進捗報告、発表機会

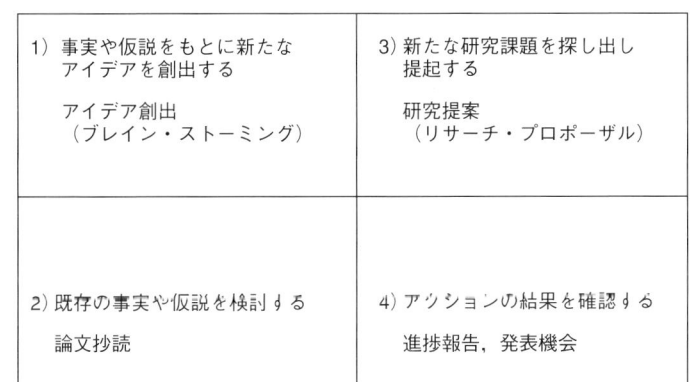

（縦軸：ミーティングの「目的」）

図1 ● ミーティングの4類型

参加者はいわゆる「知的アスリート」として，瞬時の状況判断とチームへの最大貢献が求められるのである．

　ミーティングにおける自己の役割を判断するためには，価値の提供される方向が，チーム（組織）からのインプットなのか，あるいはチームに対するアウトプットなのかの2分別で理解するとよい．前者では効率的な情報の受容が求められ，後者では効果的な情報の発信が求められることになるので，どのように貢献すればよいかの指標になろう．

　この2つの分類軸を重ね合わせると，理論的には4つの象限が存在する．これが，図1に示すミーティングの4類型となる．

ラボラトリーでの実践例

　それでは，上述の4類型が実際のラボの活動でどのように発揮されるか，以下に紹介しよう．

第2章-3．コミュニケーション・スキル

1) 課題提起×インプット

　いわゆるアイデア出しであり，研究プロジェクトの構想・立案時によく行うタイプのミーティングである．このタイプのミーティングでは参加者は他者の意見に対して決して否定的にならず，あらゆる可能性について積極的な姿勢を保つことが求められる．今日では，ブレイン・ストーミングなどの手法が考案されている．

2) 仮説検証×インプット

　研究プロジェクトを構想・立案するためには，程度の差こそあれ，一定の情報ベースが必要である．このプロセスは個人活動が中心だが，集団で行う方が効率的な場合もある．論文抄読会（ジャーナル・クラブ）などの勉強会は，研究プロジェクトの立案という目的のもとに過去の研究実績を整理・理解するためのチームの取り組みであり，本類型の典型といえる．

3) 課題提起×アウトプット

　良質のアイデア出しは研究プロジェクトの立案に不可欠だが，アイデアは百年経ってもアイデアのままである．そこで，前節で紹介した「空・雨・傘」の論法に沿って，そのアイデアが自己あるいはチームの研究にどのような意味合いをもつのか，そのアイデアをどのように発展させていくべきかを表明することが必要である．ラボでは通常，研究提案（リサーチ・プロポーザル）などの形式で議論することが多い．

4) 仮説検証×アウトプット

　採用された研究提案の実行にあたっては，その進捗を定期的に管理し，得られた発見・知見についてはチーム全体で討議することが求められる．ここでは，ミーティングの参加者は発表者に対し，仮説の再構築やネクスト・ステップ（今後の行動計画）の立案に役立ちうる意見や示唆を提供することが求められる．ラボでは通常，進捗報告（プログレス・レポート）ミーティングなどと呼ばれている類であり，学会，研究班会議もここに含まれよう．

以上の4類型は必ずしも厳密な区分ではないが，先述の通り，ミーティングのモードを理解するうえでは有用な区分である．また，効率的に運営されている組織においては，これらの1）～4）はサイクルを形成し，議論が深まっていく．

ミーティング運営のコツ

　以下は，ラボで実際にミーティングを運営していくなかで注意すべき点を列挙する．

1） 事前計画を入念に

　当たり前だが，ミーティングの成否は，事前の準備に大きく依存する．参加者の貴重な時間と知恵を投入する以上，どのようなミーティングであろうと，運営者は設計・準備に一定の努力を，参加者に敬意を払うべきである．

　具体的には，行おうとするミーティングが上記の4つの類型のどれに属するのかを分別のうえ，発表者にはミーティングの目的と期待される役割，参加者は求められる役割を事前に確認し，充分な準備をもって参加できる体制を整えることにある．もちろん環境整備も重要である．参加者が参加しやすい時間帯を選ぶ，議論のルールを定め参加者間で合意しておく，データや討議資料は当日配布ではなく極力事前配布にする，フリップ・チャートやホワイトボードなどの備品を用意する，などのきめ細かい配慮も，ミーティングの生産性向上につながる．

2） 運営者の役割を意識する

　ミーティングを円滑に進行するのは，ミーティング運営者の重要な役割である．運営者は，ミーティング中においてはその場その場の状況を敏感に感じ取り，議論をあるべき方向に導く工夫を講じなければならない．例えば，前述の4類型はミーティング中でもしばしば変化する．運営者はそのたびごとに，目的と期待成果を再確認し，議論をあるべき方向に誘導することが求められる．また，議論を活性化するための仕掛け，自由で建設的な発言ができるような雰囲気づくりや配慮も重要である．

例えば，必ず1人1回は発言する，発言内容は，最初は必ず肯定的に捉える，発言内容が「事実」なのか「意見」なのかを厳格に判別する，などのルールを決めるのもよいだろう．

3) 運営方法を標準化する

ミーティング運営のスキル・ノウハウは，体系的に育成し，伝承すべきものである．もっとも，これまではミーティング・マネジメントの方法論などは各ラボにおいて確立，維持されており，特に意識されない場合が多かった．しかしながら，今日ではラボの規模と活動内容が大規模化し，人材の流出入が活発となり，企業をはじめとする外部との連携が頻繁に行われているような研究領域も少なくない．そのようななか，スキルやノウハウを依然として口伝伝承に頼り，「見て習う」形式の運営は今後ますます立ち行かなくなるだろう．

欧米のビジネス・スクールでは，ミーティング・マネジメントはプロフェッショナルの重要なスキルと位置づけられ教育の対象となっている．産学の人材の流動性も高いため，経営学領域で開発された手法はラボにも持ち込まれ，実践されやすい．日本でも，ミーティング運営手法に関する講義や練習機会がもっと設けられるべきだろう．

Column　　　　　　　　　　　　　ミーティングの参加者

本文では，ミーティングの参加者が決まった後の話を主にしているが，ミーティングに誰を参加させるかというのも非常に重要だ．ある工学系の先生は，「研究協力している企業の研究者がラボ・ミーティングに参加することで，プレゼンする学生によい刺激を与えている」と話してくれたことがある．

筆者はNIH在籍中，2週間に一度，ラボやInstituteを越えた研究者の集まりInterest groupに参加したが，いつものメンバーとは違う人たちとの交流から得るものは多かった．

指導教官の皆様には，ミーティングによい刺激を与えるための工夫もお考えいただければと思う．（三浦有紀子）

4) ミーティングは真剣勝負と心得る

最後に最も重要なのは，ミーティングは各人の意見や主張を戦わせる，いわば真剣勝負の場であるという自覚である．

運営者は他人の時間と資源を借用する以上，ミーティングの目的と期待成果を入念に検討し，参加者の「投資」に対する「成果」を提供する義務がある．一方の参加者は，発言を通じて，そのミーティングが個別検討を上回るように努力する責任がある．

単なる情報共有や連絡の類であれば，Webや電子メール経由で充分に代用可能な時代である．目的・期待成果を伴わない散漫な議論，特定参加者のみが発言し他が傍観するようなディスカッション，形式的な意思決定のための会議などは，思い切って取りやめる方がよい．

プレゼンテーションの技法

さて，今までミーティングを運営するための本質的な方法論を紹介してきたが，もう1つ忘れてはならない要素がある．個人からチームへの情報の発信のしかた，つまりプレゼンテーションの技法である．

プレゼンテーションは，広義には「自己の情報や意見を相手に伝え，理解し受け入れてもらう」ためのあらゆる情報発信手段を指す．したがって，その対象は必ずしも外部とは限らず，ラボ内における日々の情報共有も一種のプレゼンテーションといえる．

プレゼンテーションの技法というと，説得力のある話法や美しい資料の作成法といった，表現・テクニックの議論にどうしてもなりがちであるが，そうではない．**プレゼンテーションの巧拙を左右するのは第一に中身，第二が構成，第三でようやく表現**，と筆者は考えている．プレゼンテーションの中身は，これまで解説した戦略的思考力や問題解決力そのものなので，以降はプレゼンテーションの構成法を中心に述べる．

1) 目線，ストーリー，ロジック

プレゼンテーションの構成を考えるうえで重要なのは，**相手の立場・目線から，ストーリーの流れとロジックのつながりを組むことである．**

具体的には，相手に何が言いたいのか主張（メッセージ）と論点が明確になっていること，議論の幅と深まりのバランスがとれていることである．

　メッセージと論点をどう設定するかは，敢えていえば，プレゼンテーションを準備する段階での作業ではない．前節で述べた課題の設定と解決が日々の活動中でしっかりと行われていれば，自然に導かれるものだからである．むしろ時間を費やすべきは，事実ではなく意見が述べられているか，どっちつかずのあいまいな表現となっていないか，相手にとってわかりやすい表現になっているかなど，構成のプロセスである．

　あと，図表やデータの作成に多大な時間を費やしているケースもよくみられるが，これはあまりよいとは言えない．プレゼンテーションで最も大事なのは，発表者の主張とそのロジックである．図版のわかりやすさは理解を助ける配慮として必要だが，あくまで主張やロジックのサポートに過ぎないことを忘れてはならない．

　議論の「幅」と「深さ」の広がりとは，「本当にそれだけなのか（論点に抜け漏れがないか）」，および「なぜそれが言えるのか（根拠は伴っているのか）」の2つの問いに的確に答えることである．これらを満足するためのチェックポイントを図2に示したので，参考にしていただきたい．ここでも重要なのは，**「相手の目線」に立って主張すべき論点と表現方法を選ぶよう心がける**ことである．同じ目的と内容のプレゼンテーションでも，相手の専門性のレベルや関与の度合い，立場などによって，押さえるべき論点や説明内容は異なるからである．

2）　ストーリーラインを支えるピラミッド・ストラクチャー

　構成を考えるうえでもう1つ重要なのは，**プレゼンテーションにストーリーラインが備わっているか**である．ストーリーラインとはその名の通り，相手が速やかに内容を理解できるような論理展開の流れである．

　図2のストーリーラインの構成法は，一般に「ピラミッド・ストラクチャー」と言われている．ピラミッド・ストラクチャーとは，米国のバーバラ・ミントが定式化した論理構築とコミュニケーションのための手

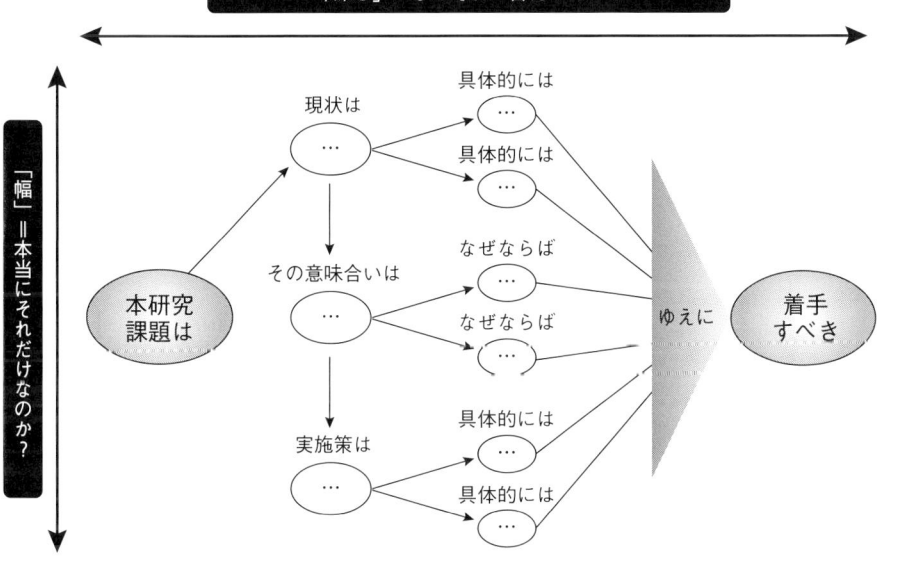

図2●プレゼンテーションの「幅」と「深さ」を満足するためのポイント

法である．1つのメッセージから帰納的あるいは演繹的にいえる事柄をその上位あるいは下位のメッセージとして表出し，メッセージ全体をピラミッド型の構造になるよう構築する．最上位のメイン・メッセージに対して，一段下のサブ・メッセージがその理由，根拠や例示の説明となり，以下同様に展開される．

ピラミッド・ストラクチャーによる整理は，パワーポイントなどのスライド・プレゼンテーションだけでなく，一般の文書や口頭のコミュニケーションにも応用することができる，非常に有用な手法である．

また，ピラミッド・ストラクチャーは各スライドの中身の構成にも当てはまる．1スライドにつきメッセージは1つ，「空・雨・傘」の要領で，状況認識（situation），意味合い（complication）および解決策（resolution）を配置することで，問題解決の流れを明快に表現することができる（**第2章-2**参照）．ここでも，あらゆる情報を無理に資料中に

盛り込もうとしてはいけない．データや事実情報はメッセージをサポートするための必要最小限に絞り込み（あるいは添付資料として配置），シンプルを心がけるべきである．

「知の活用」手法を体系的に捉える

　以上，筆者のこれまでの経験と理解に基づき，コミュニケーションにおける要点を概説した．ここでぜひお気づきいただきたいのは，これらの要点はそれぞれ個々別々なテクニックの寄せ集めでは決してなく，**第2章-1～2で説明した戦略的思考力や問題解決力と首尾一貫し，知的生産技術の体系となっている点である**．個別のテクニックをいくら習熟しても知的生産性全般の向上は難しいし，得手不得手の個人差を克服することは難しい．ここに述べてきた体系を通じて，その根底にある論理思考というコンセプトを理解し，かつ実践することが，知的生産性の向上に最も貢献するのである．

　聞くところによると，このような知的生産活動の定型化や標準化はビジネスにおける効率至上主義の産物であり，研究における自由な着想や豊かな想像力を阻害しかねないという意見もある．ただ，筆者は決してそうは思わない．例えば，ゼロベース思考やMECEは，検討における抜け漏れを排除し，より広範に「ひらめき」の芽を捕捉することに貢献するだろう．社会に対する説明責任（アカウンタビリティー）を発揮するうえでも，産業界や一般社会などの外部にわかりやすい手法を採る方が，双方にとってメリットがあるだろう．

　知的生産性は知的創造立国・日本の要であり，その技法は日進月歩で進化している．研究者が日々行っている知識・情報のプロセシングを助け，研究グループ内で情報を共有し，ひいては創造的思考をも助ける技法として，さらなる活用と応用が期待されている．

Column　プレゼンにおける予習と復習の効能

　「来週，当番だなあ〜（ため息）」，実験がうまくいっていないときに限って，ラボ・ミーティングの順番が回ってくると感じている人は少なくないだろう．いや，実験が絶好調に進んでいて1分も惜しい！　と感じているときに限って，回ってくると感じている人の方が多いかもしれない．このような人たちにこそ，この機会を最大限利用してほしい．他人に伝える準備をするのは，自分の知見を整理し「なぜうまくいかないのか」を明らかにする近道になるからだ．また，調子に乗っているときほど，重大な点を見逃しやすい．大きな墓穴を掘る前に誰かに指摘してもらえれば，それに越したことはない．

　そして，ミーティングで質問が集中した箇所には何かあるのだ．資料の書き方や説明のしかたがマズかったのか，もっと重大な抜け落ちがあったのか…．ミーティング終了後こそ，冷や汗をかきながら自分のプレゼンを振り返ってほしい．

（三浦有紀子）

第2章　博士に求められるスキル

4. プロジェクト・マネジメントのスキル

仙石慎太郎

　本節では，プロジェクト・マネジメントの意義，有用な知識・フレームワークを解説する．プロジェクト・マネジメント手法は高々半世紀の歴史しかないが，今日ではこれを導入していない企業はないというくらい産業界に浸透している．ラボ・マネジメントに応用しない手はなく，その適用方法について考えてみたい．

プロジェクト・マネジメントとは

　近年はラボの運営において，プロジェクト・マネジメントの重要度，ニーズが高まってきている．従来はラボの中に閉じている研究活動が多かったが，近年は複数の研究ユニットの協調により進められる大規模プロジェクト，産学連携など外部者を伴うプロジェクト，ベンチャー企業設立や事業シーズ創出など明確なアウトプットが求められる研究なども増えてきている．

　研究活動の成果に対する目も厳しくなってきている．企業の研究員は言うまでもないが，大学の研究者も例外ではない．競争的資金や民間資金の割合が増え，より明確な成果目標が課されるケースも多い．したがって，研究者がシニアになればなるほど，いくら科学的洞察や実験技術があっても，プロジェクト・マネジメントなくしては能力を発揮できないという状況になりつつある．

　プロジェクト・マネジメントの目的は，**限られた資源や制約条件下においていかにリターンの期待値を最大化するかという課題に対して，最も再現性の高い方法論を提供すること**にある．ここで筆者としては「再現性」という部分を敢えて強調しておきたい．

　学生やポスドクなど流動研究員のうちは，外れるかもしれないが当た

れば大きい，一か八かの研究活動も許されるだろう．むしろリスクをとってチャレンジする意気込みが評価される面もある．しかしながら，研究を生業とするプロフェッショナルの場合は，必ずしもそれだけでは立ち行かない．企業や公的機関の禄を食んでいる以上は，日々の研究・教育活動を通じて，ステークホルダー（利害関係者）や社会が求める成果を創出し続けなければならない．プロ野球でピッチャーが勝率や防御率でばっさり評価されるのと同様，研究者の評価もある意味ドライなのである．

　プロジェクト・マネジメントの概念は産業界ではすでに定着して久しいが，半世紀前までは現在の研究の世界と同様，プロジェクト管理はリーダーやマネジャーの勘や経験，調整能力など，属人的な要素に頼る部分が大きかったと言われている．プロジェクト・マネジメントの概念や重要性は，一説によれば19世紀後半には提唱されていたものの，現場の研究員の抵抗も強く，なかなか浸透しなかったのである．

　そのようななか，プロジェクト・マネジメントの普及に一役買ったのは，冷戦期のアメリカの宇宙開発プロジェクトだったと言われている．当時，ソ連に人工衛星や有人ロケットの打ち上げで先行された米国防省は事態を重く見，抜本的な改革を断行した．すなわち，それまでの遅れを挽回してより大きな成果を早期に達成するため，研究開発のプロセスの体系化と標準化に努め，合理主義的なマネジメントを徹底したのである．この当時としては画期的な取り組みは奏功し，アポロ計画の月面着陸の成功などにより改革の成果が実証された．この結果を受けて，プロジェクト・マネジメントは産業界に一気に普及した．

　現在は，PMI（Project Management Institute）という非営利団体が設立され，プロジェクト・マネジメントの概念や技法の標準化と普及の役割を担っている．PMIが策定する"Project Management Body of Knowledge（PMBOK）"はプロジェクト・マネジメントの標準ガイドラインであり，4年ごとに改定されている．

プロジェクト・マネジメントの方法論

1）個別プロジェクトの管理：課題ワークシート

このPMBOKによれば，以下に示す要素がプロジェクト・マネジメントにおいて特に考慮すべき観点として述べられている．実際のプロジェクト・マネジメントでは，これらの観点を変数あるいは境界条件として，プロジェクト・マネジャーが担当プロジェクトの成果を最大化するよう日々努力することになる．

- **計画**：下記の各要素をどのように統合し，トレード・オフを管理するか
- **スコープ**：プロジェクトの対象範囲はどこまでか
- **時間**：いつまでに成果を出すか
- **コスト**：使用可能な費用はいくらか
- **品質**：求められる質的要件は何か
- **人的資源**：どのような人材が遂行に必要か
- **コミュニケーション**：どのような情報授受をどのように行うか
- **リスク**：プロジェクトの成功確率はどのくらいか
- **調達**：必要な物品をどのように確保するか

しかしながら，このような本格的なプロジェクト・マネジメントを実践するには専門的知識やスキルが求められるため，ラボへの導入は実のところ難しい．したがって実際には，プロジェクト・マネジメントの要点を押さえつつ，より平易な便法を採ることも多い．ここでは，「課題ワークシート」による方法を紹介したい．

図1に，筆者がラボ・マネジメントで実際に用いていた課題ワークシートの例を示す．本フレームワークは2×4の8つの項目からなり，PMBOKのいうプロジェクト・マネジメントの要点も，プロジェクトの背景，目標や課題・論点とともに網羅されている．

このようなフレームワークの導入には多くのメリットがある．第一に，

問題解決の流れ	プロジェクト計画表の構成要素		検証のポイント
環境・状況の確認	研究のコンテクスト ・背景	研究の範囲 ・スコープ	・解決策の範囲が的確に設定されているか
課題の内容の決定	研究のゴール ・目的 ・目標	研究の期待成果 ・品質	・解決策の範囲における主要課題が表出され，研究目的と成果に反映されているか
コアイシューの特定	重要な問題・仮説 ・課題，論点	証明方法 ・計画	・関連課題が選別・研ぎ澄まされ，かつ仮説思考をもとに意味のある問いかけになっているか
実行可能性の確認	研究の実施体制 ・コスト ・コミュニケーション ・人的資源	研究の実施スケジュール ・タイム ・リスク	・上記の課題を，現実的な制約条件のもとで実行することができるか

図1 ● 課題ワークシートの例

本シートの作成を通じて，各プロジェクトのおかれた状況，何をどのように行うべきかを過不足なく「知る」ことができる．また，これらのセルは上から2つずつ「課題の環境・状況の確認（空）」，「課題の内容の決定（雨）」，「コアイシューの特定」そして「実行可能性の確認」と，第2章 2で述べたイシュー・アナリシスの流れに沿って配置されているため，本シートの作成を通じてプロジェクト全体の問題解決を行うことにもなる．さらに，定められた共通のフォーマットをもとに議論を行うことで，ラボ内のコミュニケーションの効率もアップする．

ここで注意しなければならないのは，メンバー全員が必ず同じフォーマットを用いることである．ラボによっては学生や研究者ごとに形式がまちまちなケースがあるが，これはプロジェクト・マネジメントの点では好ましくない．フォーマットをはじめとするコミュニケーション・インターフェースは極力標準化すべきであり，また標準化することでプロジェクト間の比較，時系列の評価も簡単に行うことが容易になる．

2) プロジェクト活動全体の管理：PPM

ラボのスタッフになれば，1つの研究プロジェクトに特化できることはまずない．自分のプロジェクト以外にも，学生が担当するプロジェクト，あるいはラボのプロジェクト全体を同時にマネジメントすることを求められる．

産業界では，このような複数のプロジェクトの管理については，「ポートフォリオ・マネジメント」という概念が浸透している．この目的は，企業が行うプロジェクト（あるいは事業）のうち，どれをどのように扱うべきかを検討し，プロジェクト構成（ポートフォリオという）の最適な全体像を決定することにある．

実践例としては，「プロダクト・ポートフォリオ・マネジメント（PPM：Product Portfolio Management）」が今日有名である．これは，企業が展開する複数のプロジェクトがどのような状態にあるかを成長性と占有可能性の観点から説明したもので，大手コンサルティング・ファームの1つボストン・コンサルティング・グループ（BCG）が開発した．ほかには，プロジェクトをリスクとリターンの関係から説明した「リスク-リターン・ポートフォリオ」や，インパクトと実行可能性の関係から説明したポートフォリオなどがよく用いられている．ここでは，PPMの例をもとにその内容を解説しよう．

このモデルでは，縦軸を「市場成長率（対象とする市場が今後どのように拡大あるいは縮小するか）」，横軸を「相対市場シェア（その市場における自社の取り分はどの程度か）」と設定し，プロジェクトあるいは事業を4象限に配置し評価する．各象限にはニック・ネームが付けられており，右上から時計回りに「花形（star）」，「金のなる木（cash cow）」，「負け犬（dogs）」，および「問題児（problem child）」と呼ぶ（図2）．

「金のなる木」は大きな追加の投資なしに利益を生み出すプロジェクト，「花形」は市場の成長に合わせた投資を続けていくことで発展が期待できるプロジェクト，「問題児」は市場の成長に対して投資が不足しており，積極的な追加投資が必要なプロジェクト，「負け犬」は将来性

占有可能性（市場シェア，新奇性）

小 ⟵⟶ 大

成長性（正常成長率，発展性）

大

問題児
(problem child)
積極的に投資・育成する，あるいは撤退する

花形製品
(star)
優位性を維持する

負け犬
(dogs)
基本的に撤退する

金のなる木
(cash cow)
成果を収穫する

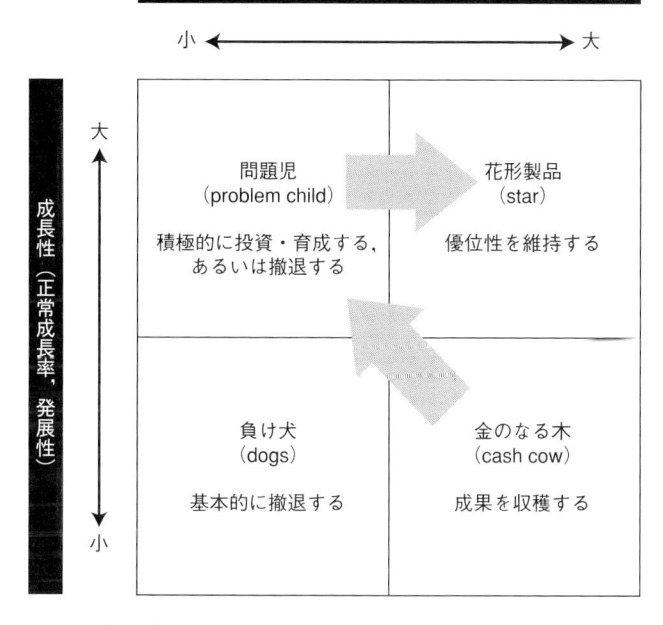

小

図2●プロダクト・ポートフォリオ・マネジメント（PPM）

が低いプロジェクトである．

　経営学の教科書では，「金のなる木」で得た収益を「問題児」に投入して「花形」に育て，「負け犬」からは基本的に撤退することが原則とされている．

　「市場成長率」と「市場シェア」というといかにもビジネスの用語だが，2つの評価軸は自由に解釈してもよい．ラボ研究活動の場合は，「市場成長率」を「（その研究プロジェクトの）発展性」，「市場シェア」を「研究の競合度合い」あるいは「新奇性の度合い」と読み替えることができるだろう．

　「金のなる木」は成熟した研究分野であり，多くのケースでそのラボの中心的プロジェクトである例が多い．ただ，いつまでも既存分野に甘んじていてはいずれ行き詰るか競争に忙殺されてしまうので，この既存

の強みや優位性を活かしつつも，「問題児」をよりユニークな方向に発展させていく努力が同時に求められる．これが成就すれば「花形」となる．言うまでもなく，「負け犬」すなわち展望が描けず競合度合いが高い（あるいは，新奇性が低い）プロジェクトからは基本的に撤退すべきである．

3）　リスク・マネジメント：リスク分類

このようにポートフォリオ管理の発想は複数の研究プロジェクトの配置やバランスを管理するのに非常に有用だが，つい将来の成長性や研究成果といったリターン面ばかりに目が行きがちである．ポートフォリオ管理を正しく実践するためには，リターンのみならず，**その研究プロジェクトから一定の成果が得られるか否か，すなわちリスク面も慎重に評価する必要がある．**

リスク要素を分類のうえ，客観的に評価するアプローチをリスク・マネジメント（リスク管理）という．このような手法は金融工学という学問分野において研究が進んでおり，その成果は銀行や証券会社の取引業務，事業会社の投資判断などの場で実際に活用されている．

このようなリスク・マネジメントの手法は，ラボの研究プロジェクトにも応用しうる．以下は，筆者の解釈に基づく，ラボにおけるリスク分類と対応例である．

●**業務リスク（Operation risk）**

狭義のリスクであり，研究プロジェクトの実行可能性に関するものである．実験の成否など予見困難な要素はあるにはあるが，外的要因によらない分，研究計画立案の入念化や定期的なモニタリングにより最小化を図ることができる．

●**市場リスク（Market risk）**

研究分野の環境変化によるリスクである．具体的には，研究パラダイムの変化，研究トレンドの変化，競合ラボの先行発表による劣後などがある．これらは多分に不可避的ではあるが，クローズド・ミーティングの場や研究者間でコミュニケーションを密にとり，情報収集とアップデ

ートに努めることにより予見的に対応するしかない．

● **流動性リスク（Liquidity risk）**

金融市場等で「買い手」が出現しないことのリスクを指す．研究の場合は，成果の発表に伴う「出口」リスクに相当するかもしれない．いくらユニークな発見が相次いで出ても，全体としてまとまりがなければ論文として著しにくいし，学術的価値も限定的となる．対応策は，仮説思考の徹底に尽きるだろう．すなわち，研究プロジェクトの立案時点で，投稿・発表のターゲットであるジャーナル候補をあらかじめ設定し，学術論文としてのストーリーラインをイメージしておくことが重要である．

● **信用リスク（Credit risk）**

自己の信用や信頼関係に関するリスクである．生化学や分子生物学など成熟した学問領域では通常問題にならないが，学際研究分野など比較的歴史が浅い学問領域，自分が新参であり他者との信頼関係が確立されていない場合には，特に注意を払う必要がある．対策としては，関連学会への所属，研究会活動を通じたコミュニケーションによる対外ネットワークの強化が有効と考えられる．

● **法的リスク（Legal risk）**

コンプライアンス（法令遵守）に関するリスクである．ヒトES細胞を用いた研究や臨床研究のような倫理課題に関するものはその典型であり，近年問題となっている研究データのねつ造問題などもこの分類に入るだろう．未然防止のためには，ラボノートやデータの保存・確認の徹底や，所属機関の倫理委員会への問い合わせ・コミュニケーションの強化など，内部管理体制の充実を図る必要がある．

重要なのは，**リスクの想定範囲を可能な限り広く設定し，個々のリスク要素に対して最も適切な対策を事前に講じておくこと**である．一時世間では「想定外」という言葉が流行したが，成果責任を伴う研究プロフェッショナルならば，想定外の事態は極力回避するよう努めるべきである．

本節では，ラボの研究プロジェクト・マネジメントの現場で有用と思われる概念やフレームワークを解説した．ただ，本当に重要なのは，**最小の資源で最大の効果を得る，すなわち生産性を最大限に高めるというマインド・セットである**．これからの大学・公的研究機関の研究者は，公的な資金を預かって研究活動を行っているという事実認識をもとに，効率的なマネジメントをぜひ実践していただきたいと思う．

第2章 博士に求められるスキル

5. キャリア設計

三浦有紀子

　筆者は，科学技術政策研究所に職を得てから今まで，いやそれ以前も，何がキャリア構築の重要ポイントになるのかについて考え続けてきた．これまでに，研究者としてかかわってきた多くの方々，そして有識者や企業における採用にかかわっている方々など，専門分野，業種を問わず，さまざまな立場の人たちの意見を伺う機会を得てきた．本節では，こういった方々の意見を集約，整理しながら，筆者が考える「キャリア設計における重要ポイント」を挙げていきたいと思う．

幅広い見識をもつ

　キャリア上の選択肢を多数もつことは，自分自身の可能性を拡げるうえで非常に有利である．単純な例を挙げると，医師養成課程にいれば臨床医として活躍する道や医学研究者として成功する道を描けるであろうが，医師養成課程にいなければ少なくとも臨床医として活躍する道は考えられない，といったことだ．しかし，このたとえに違和感を覚える読者も多かろう．臨床医になりたいから，医師養成課程に進むのではないのかと．もちろん，進学の動機はそうだろう．将来は，生命現象の不思議を解明したいと思っているなどと相談すれば，理学部の生物学科あたりへの進学をすすめられたに違いない．

　つまり，キャリアにおける次のステップを選択する場合には，その段階における自分の希望を最短で効率よく実現できると思われる道を選ぶことになる．しかし，ここで注意しなければならないのは，その選択の段階で収集できた情報は不完全で，偏りがあったかもしれないということであり，しかも成長に伴って自分の希望はどんどん変化していくものだということである．このように不確実な状態にあっては，**目指す目標**

をしっかりと見据えながらも，幅広い見識をもち，チャンスの種を拾っていくのが賢明である．では，どうすればよいのか．今は情報が大量に流通する時代であり，そしてヒトは見聞きした情報に対して全く興味がないとなると，あっさり忘れてしまう生き物である．

　大学というところは非常に親切にできていて，放っておけば非常に興味がある科目，将来絶対に必要になってくる科目だけを効率よく勉強しようとする若者に対して，教養教育[*1]を施してくれる．しかも，結構しっかり勉強しないと単位が取れないようなしくみになっている（あなたの大学はどうでしたか？）．まずは，この機会をぜひとも有効活用していただきたい．そして，大学院に入ったら，そういう機会を自発的にも

Column　　　　　　　　　　　　　　　　　オンリーワンの力

　大学時代にお世話になったドイツ語の先生は，医科大学予科のときに出会ったドイツ文学の素晴らしさに魅了され，なんと文学部に入り直してしまい，さっぱり興味をもたない出来の悪いわれわれを相手に長年ドイツ語や文学を教えてくださった．その先生の経歴を伺ったときには，「医学部をやめて文学部に入るなんてもったいない」と内心思ったが，そういう経歴の持ち主だからこそ，われわれがなぜ興味をもてないのかという心理まで読み込み，かなり厳しく指導してくださったのだろうと思う．教えるという行為にどれだけエネルギーが必要かをわかるようになってはじめて，この先生のありがたさを理解できるようになった．彼が最初から文学部に入っていたら，こうはなっていなかっただろう．医療の専門家になる者にこそ文学の素養が必要だと，専門性に凝り固まらず，幅広い見識をもつことの重要性を彼なりの言葉でずっと発信し続けていた．

　キャリアチェンジを考えている方へ．これまでの経歴は，ただの回り道ではない．あなたにしかできない仕事を成し遂げるための大きな力になるはずであり，またそうすべきなのである．

（三浦有紀子）

[*1] お時間があるときに，ぜひ「新しい時代における教養教育の在り方について（答申）平成14年2月21日　中央教育審議会」をお読みいただければと思う．
http://www.mext.go.jp/b_menu/shingi/chukyo/chukyo0/toushin/020203.htm

っていただきたい．実は，海外のPh.D.と日本の博士との違いはこういうところにもある．

　海外留学の経験をおもちなら，ホームパーティやランチタイムなどの気軽な席上でも，欧米人研究者が自分たちの研究以外の問題について口角泡をとばして議論する場面に遭遇したことが何度もあるはずだ．筆者の場合は，同僚のロシア人ポスドクがデモクラシーについて延々と演説し，それに応えてフランス人のポスドクが話し，どんどんエスカレートしていってランチタイムが3日間ほどデモクラシー談義になった．その横で，日本の民主主義は…と考え，一言も発することができずにドッと落ち込んだものである．

　このフランス人ポスドクが，ラボメンバーになってすぐの頃，学位授与式での学長のスピーチについて話してくれた．「君たちは学位取得の過程で，おのおのの研究フィールドにおける難問を1つクリアした．その能力は，これからの人生において君たちを大いに救ってくれよう．Ph.D.であることに誇りをもち，どんな難問が降りかかってこようとも果敢に立ち向かってほしい」．筆者の翻訳能力のせいで，その素晴らしい内容がきちんと伝わらないことをどうかお許しいただきたい．

　幅広い見識は，キャリアを柔軟に考えられるようにしてくれるだけではない．予想外の方向への研究の発展，分野融合や技術導入スピードを鑑みれば，トップクラスの研究者にとっても必要不可欠な能力であることは，随分前から指摘されていたのである[*2]．

客観評価を利用する

　先のデモクラシー談義で，筆者が一言も発することができなかったのは，民主主義というキーワードで何かを考えた経験がなかったからだけではない．やはり，英語能力が足りなかったからでもあると思う．読者

[*2] 「世界トップレベルの研究者の養成を目指して－科学技術・学術審議会人材委員会　第一次提言－」平成14年7月．
http://www.mext.go.jp/b_menu/shingi/gijyutu/gijyutu10/toushin/020702.htm

の皆様は当然，語学力，特に英語でのコミュニケーション能力の必要性は充分認識されていると思うが，いったいどれくらいその能力があればよいのか，自分の能力が現在どの程度かを即答できるだろうか．

インタビュー時に「英語でのやりとりは大丈夫ですか」と問われて，「日常会話程度なら…」などとあやふやに答えると，英語能力なしの烙印を押されてしまう．研究能力とは違って，英語能力には客観的評価指標が確立されている．米国や英国の大学院でPh.D.を取得したといった，明らかに英語能力が一定水準以上なければもてないような経歴がある場合はともかく，そうでないのなら，自分の英語能力について評価指標を用いて履歴書に書けるようにしておくのがいいかもしれない．

語学力に限らず，客観的な評価を受けられる機会があれば，積極的に利用した方がよい．例えば，競争的研究資金獲得実績は，自分の取り組んでいるテーマがどれほど重要であるのか，自分がいかにプレゼンテー

Column　　　　　　　　　　　　　英語力の本質

英語力－世界的な活躍を志す日本育ちの研究者にとって，実に悩ましい課題である．しかしながら，国際的コンサルティング企業における筆者の勤務経験からいえば，多くの日本のプロフェッショナルは英語力について少々コンプレックスをもちすぎではないかと思う．

第2章-3において，プレゼンテーションの巧拙は「第一に中身，第二が構成，第三でようやく表現」と解説した．中身が本当におもしろければ，どんなに説明が下手であっても聴衆は必死に聞くものである．また，研究に関する議論であれば，英語表現や文法・時制の正確さよりも，論旨とロジックなどの構成面に関心が集まろう．特に構成に関しては，欧米流コミュニケーションから生まれた「空・雨・傘」や「ピラミッド・ストラクチャー」の手法に忠実になることで，かなりの改善効果を期待することができる．

筆者はこれまで，多くの「流暢だが中身のない英語」，「下手だが主張の通る英語」と接してきた．「ネイティブでないのだから下手で当然」の気概（？）を忘れず，中身と構成力を磨きぬいたうえで，堂々と渡りあっていただきたいと思う．

（仙石慎太郎）

ション能力が高いかなどをアピールするよい手段になりうる．それ以上に重要なのは，**自分の長所短所をよく知ることができる**という点である．自分自身に対する過小あるいは過大評価は，キャリアアップの妨げになる．ここぞというときになって焦っても手遅れだ．採用のプロには，すべて見抜かれている．

粘り強くなる

「下手な鉄砲も数打てば当たる」という言葉があるが，いくら出しても当たらないのが研究費であり，次のポストである．なぜ当たらないのかについては，審査基準もさまざまなので，個々の研究費の担当者にでも尋ねていただくとして，筆者が申し上げたいのは，それでも出すべきだということだ．

そのタイトルのせいで，男性研究者はほとんど見ないのではないかと思われる独立行政法人 科学技術振興機構「さきがけ"なでしこ"キャンペーン」サイト[*3]からは，応募することの大切さがひしひしと伝わってくる．例えば，赤井 恵さんは「私は渾身の力で応募書類を書いたとき，すでに少し変化している自分に気付きました」と述べ，そして「長年ポスドクを続け自信を失いかけていた…」と吐露する．彼女の言葉を解釈すれば，一生懸命応募するだけで成長できるということになる．そんな機会を見逃す手はない．

国や関係機関からの助成については，ある程度ご存知だと思うので，ここでは省略するが，民間の助成財団に関する情報は，財団法人 助成財団センターのHP（http://www.jfc.or.jp/）や同センターの出版物「助成財団 研究者のための助成金応募ガイド」をご覧になるといい．さまざまな主旨でさまざまな助成が行われており，自然科学研究，ライフサイエンス研究を助成の対象にしているものも多い．

応募しなければ当たらない．当たれば自分のアイデアを実現する 歩

[*3] http://www.jst.go.jp/kisoken/presto/nadeshiko/index.html

を踏み出せる．助成者に対して説明責任を果たそうと頑張るから，成果も上がる．そして，当たらなくても確実に成長できているはずなのである．まずは，応募書類を作成してみることが肝要である．もし，そこに書けるようなアイデアがないのなら，キャリアチェンジの時期かもしれない．そして，応募書類を書いているうちに，どんどんいいアイデアが出てくるような自覚があり，そのアイデアに対する周囲の人たちの反応もよいなら，簡単にあきらめてはいけないと思う．

デッドラインを意識する

簡単にあきらめてはいけないと前項で書いておきながら，違うことを述べるようだが，無意味に時間を過ごすことだけは絶対に避けたい．当初は将来アカデミック・ポジションを得ることを想定しながら研究を続けてきた人たちが，いつ，どのようにして別の道を選んでいったのかを聞き（詳しくは第4章参照），また筆者自身の行動を振り返って考えてみると，暗黙のうちにデッドラインを決めていたことに気づく．ある研究テーマをしばらくやってみて，どの程度の成果が得られるのかを実感し，今後どの程度の成果が得られるのかを予測する．期待を下回る場合には，もっとよい成果が効率よく得られそうな別のテーマに切り替える．資金と時間には限りがあるから深みにハマる前に決断しなければならない．それは，キャリア構築においても同様である．何といっても人生は短い．しかも，アクティブに働けるのはそのうちの数十年にすぎないのだ．

筆者がNIHにポスドクとして在籍していた頃に見聞きしたのは，驚くほどバリエーションに富んだキャリア選択の事例だった．そのいずれもが，自分の適性や能力を最大限活用できる場を求めた末の結果だったに違いない．ポスドク時代には，研究に専念できる素晴らしい環境を与えられるのだが，それに満足していてはいけない．この時期にデッドラインを意識できるか否かで，その後の生活が随分変わってくるように思う．少なくとも，それを前向きに意識することができなければ，ある種の決断を不用意に先延ばしにし，結果的に多様な可能性を放棄することにな

ってしまう．

　このデッドラインの考え方は人それぞれだと思うが，その際には必ず**生活者としての視点を忘れないでほしい**．それは簡単にいえば，年金加入期間が25年以上必要だということだったりする．「橋の下で生活してでもオレは天文学をやる」．そんなことを誰かが言ったとか言わないとか…．そこまで腹をくくれるのなら，それはそれですごい．とことん頑張ってくださいとしか言いようがないが，大概の人はそこまで言い切れないであろう．

トレンドに流される危うさ

　人材需給はかなり経済原則に沿った形で動いていると，ある労働経済学者は評する[*4]．フランスでは，1980年代くらいまではアカデミックポストが比較的潤沢で将来性もあった．Ph.D.さえ取得すればそういった職に就けるのではないかという期待感があり，それが学生を大学院進学へと向かわせた（供給加速の段階）．ところが，ある時点で需要の縮小が起き，現在ではポスドク滞留と称されるような，高学歴者が不安定な就労形態を続ける状態が発生した．若干のタイムラグを経て，参入する学生が減ってくるようになり，2001年をピークに新規Ph.D.取得者数が減少しているという（供給減速の段階）．博士課程学生の3分の1以上が，学費と生活費を国から援助されている（さらに産業界からの奨学金もかなりあるらしい）フランスで，こういう状態なのである．

　皆様お気づきのように，これはフランスに限ったことではなく，日本でも同様である．博士課程への入学者は，2003年度をピークに減少している（図）．志願者数の減少に引っ張られている傾向が顕著に出ており，志願（実質）倍率の動向を見れば，入学者減少はこの先ますます加速されることが予想される．

[*4]　科学技術政策研究所講演録−205「人材の養成と流動化からみたイノベーション−若手科学者の労働市場−」野原博淳（フランス国立科学研究センター労働経済社会研究所）2007年5月．

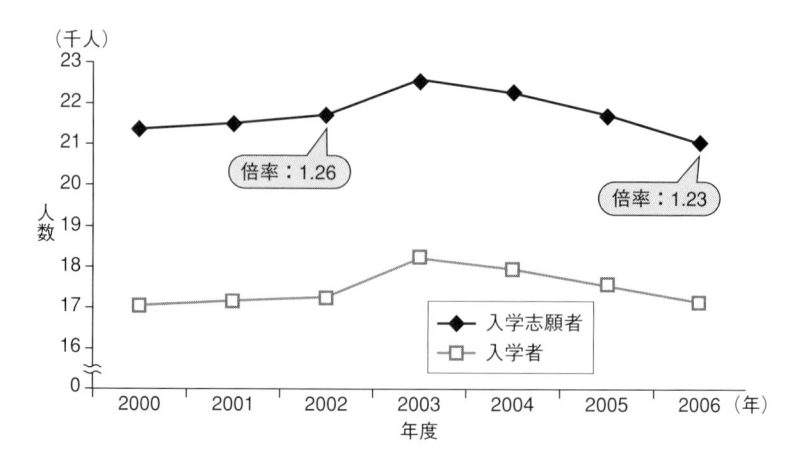

図●博士課程の入学状況〔学校基本調査報告書（文部科学省）より〕

　先の労働経済学者は，このような現象は「くもの巣理論」[*5]で説明でき，徐々に需要と供給が調節されていくはずだと教えてくれた．現在の供給量はその前段階の需要量に応じて決定される．だから，需要側と供給側の反応にタイムラグが生じるのは避けられない．この理論は，農産物の価格や生産量の変動を説明する際によく用いられるそうである．
　もちろん，政策担当者はこのようなことを百も承知である．タイムラグや供給の加減速の影響が深刻にならないように，何とか手を打とうとしている．一個人としてキャリアを考えるとき，世の中のトレンドを読むことは重要である．しかし，くれぐれも近視眼的にならないよう気をつけたいものである．

[*5] 「くもの巣理論（cobweb theory）」：市場均衡の調整過程に関する仮説の1つ．市場価格に対する需要者の反応と供給者の反応との間に時間的な差があるため，価格や取引量が循環的変動を示すことをいう．需要曲線と供給曲線を描いた平面上で均衡価格と産出量の時間的経過をみると，ちょうど，くもの巣のようになるのでこの名が付けられた（経済学基礎用語より）．

Column　　　　　　　　　　大学における2007年問題

　団塊の世代の大量退職によって，さまざまな問題が生じるであろうと予想されたのはついこの間のこと．この問題，初等中等教育機関では結構心配されていたような気がする．大学ではどうなっているのかと思い，学校教員統計調査報告をみた．2004年度時点で，55歳以上60歳未満の階層がその下の階層（50歳以上55歳未満）より10％程度（約1,900名）多くなっている．しかし，彼らは一斉に退職するわけではない．例えば，国立大学では60歳以上65歳未満の教員が2001年から2004年の3年間に1,068名増加しており，定年延長が進んでいることがわかる．ただ，ここで気になったのは，この3年間に国立大学全体で本務教員が483名しか増えていないことである．単純に考えれば，差し引き500くらいの若手〜中堅ポストがなくなってしまったということになる．

（三浦有紀子）

第2章　博士に求められるスキル

6. キャリアアップのための具体的行動

三浦有紀子

　ここまで読み進んでくださった読者にとって，いよいよ問題となるのが自分の能力をいかにアピールし，チャンスを得るのかということだろう．現状では，アカデミックポジションに応募するときとそれ以外の職に応募するときでは，かなり勝手が違うことを認識していただきたい．その意識のもとで，以降を書き進めていく．

自分を知ってもらうこと

　科学技術基本計画では，第2期（平成13年～），第3期（平成18年～）と続けて公募の普及と徹底について触れられてきた．しかし，現場，特に若手の間では公募に対する不信感は根強い（図）．その一方，採用する側にとって公募というのは，あくまでも追加措置であるという意識がある．前出のアンケート調査では，大学や公的研究機関の専攻長や部長などに対しても公募について聞いているが，「公募と同時に個人的な紹介によって人材の情報を入手することが多い．」との回答が半数を超える（「まったくそのとおり」5％前後，「ほぼそのとおり」45～51％の合算）．送られてきた応募書類に目を通してすぐに会いたくなるような候補者は，公募をしなくてもその存在がわかっていると言い切る先生は多い．自分たちの部局に新たに人を入れると決定した時点で，候補者にしたいような人物の顔と名前は浮かぶのだそうだ．だから公募は形式的なのだ！　とお怒りになる読者の気持ちも充分理解できる．だが，できるだけ安心して人を採用したいと思う募集側の気持ちを理解した方がこの際得策だとは思わないだろうか．つまり，**いつでも顔と名前を思い出してもらえるようにこちらが努力する**のである．

　「公募」がスタンダードである米国でもロビー活動は活発だ．FASEB

Q. 公募が形式的であると感じることがありますか

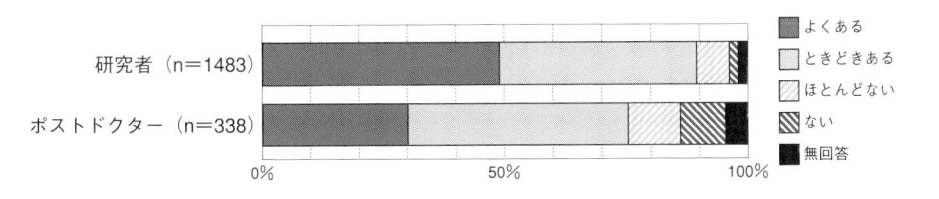

凡例：
- よくある
- ときどきある
- ほとんどない
- ない
- 無回答

研究者（n＝1483）
ポストドクター（n＝338）

図●「公募が形式的であると感じることはありますか？」という質問に対する回答
出典：「これからの人材育成と研究活性化のためのアンケート調査」(2004年) 文部科学省科学技術政策研究所，(株) 三菱総合研究所

　Summer Conference などでは，その分野の研究者が一堂に会して朝から晩まで食事も遊びももちろん議論も一緒にする．最初は「○○ラボのポスドクの△△」と覚えてもらうのだが，そのうちイキのいい若手は自然に目立つようになる．それが後々の彼（彼女）のキャリアアップにつながることもあるだろう．公募といっても，みんながゼロスタートで走っているわけではないことを認識するべきである．

　さらに，敢えて余計なことを述べると，自分の周辺分野で主だった先生方のほとんどに自分の存在および状況（就職活動中であることなど）を知ってもらったにもかかわらずお声がかからないとなれば，潔くあきらめもつく．

相手を知ること

　大学等にこだわらず就職活動をしていたある物理系ポスドクと面談したときのこと．書類審査はかなりの確率で通過しているにもかかわらず，これまで一度もよい返事をもらえたことがないという．それもそのはず，筆者は，彼と話をするためにかなり気を遣っている自分に気づいた．彼を理解し，何とか有益な話をしたいと一生懸命になっていた．結局1時間あまり話をしてようやく彼のことを少し理解できた．そこでたまらず，「あ〜疲れた．あなたのよさを理解するのに1時間もかかった．これで

は絶対面接に受からないと思う」と言ってしまった．残念ながら，採用選考で会う面接官はそこまで気を遣ってはくれない．面接官に自分をわかってもらうためには，**相手にもっと話がしてみたいと思ってもらえるようにすることが重要だ**．

　ではどうすればよいのか．1つは，相手をよく知ることだと思う．相手といっても目の前にいる面接官のことを事前によく知ることはできない（ここが大学などに応募する場合と大きく違うところである）．相手が弊社と呼ぶ，その企業のことについてよく勉強することだ．企業理念，その理念の遂行にどのような努力をしているのかといったところから，社員数や資本金，収益などの数値，さらには同業他社のことに至るまで．逆に言えば，こういった基本中の基本すら勉強してきてくれない人と，面接の場で突っ込んだ話をしたいとは思わない．質問に無難に対応できたとか，笑いが出るような和やかな雰囲気だったとかいう場合は，往々にして面接官が早い段階で応募者に興味を失っていたことが多い．前者は他の応募者との差を付けないよう面接官が一般的な質問で時間を潰したのであり，後者は立て続けの面接の合間の息抜きの時間として使われたのではないかと思われる．

　先に挙げたポスドクの例をとあるベンチャーの方に話したら，「彼の朴訥としたところがウチの社風に合う」と言ってものすごくコミュニケーション下手のドクターを採用してくれた企業の話を聞いた．そのような場合でも，社風やそういう人を求めている会社であることをこちらが知る努力をしない限り，このような幸運な出会いには恵まれない．

当たり前のことを当たり前にできること

　学部卒より修士，修士より博士の方が優秀なはずである．社会にそう思ってもらわないと，苦労して大学院に行っている意味がない．

　採用選考にあたっては，適性や基礎的な能力を判定する試験（SPIなどと呼ばれている）を行うところがほとんどだが，学部生や修士課程で就職活動をする人たちは皆，選考試験に合わせていろいろと準備をして

いる．もちろん，博士課程の皆さんも…と思っていたら愕然とした．そんな心づもりでは，研究能力をアピールする機会を与えてもらう前に不採用通知を受け取ってしまう．大して難しくない試験の結果が，修士や学部生よりも悪かったらかなり印象が悪い．彼は，本当は大学のポジション狙いでウチは気休め程度に受けたんだろうと解釈してくれるならまだ救いだが，残念ながら「大学院博士（後期）課程」に対するイメージは，このところのメディアのご丁寧な宣伝もあってかなり悪い．そんなところへきて，学部生より悪い成績だったら目も当てられない．

　もう数年も前のことになるが，まだ文部科学省の政策研にいた頃，大学院教育やドクターへの期待などについて，さまざまな業種の技術系採用担当者や研究開発部門のリーダーに聞いて回った．ある電気系メーカーを訪ねたときのこと．「文部科学省から来られた方にいきなりこんなことを言うのも何なんですが…」と開口一番，新人研修担当というその方はこう言った．「○○大学の大学院は，いったいどうなっているんですか．別に大学の名前で本人の能力を見ているつもりはありませんが，あの大学では絶対にあり得ないような基礎学力のなさに，先生のご推薦もあったのですが結局お断りしました」．まさに，大学院重点化が問題だと言わんばかりだった．

　その後しばらく，名指しされた大学の先生に会うたび，こんなことを言われましたと伝え，反応を見たがたいていは他人事と受け取ったようだった．今，冷静に考えてみると，やはり落とされた学生は真面目に準備をしていなかったとしか思えない．教員は面倒を見ている学生のことをよくわかったうえで，推薦状を書いている（これは博士課程の学生についてであって，学部生に関しては言及を避けたい）．先生だって自分の信用問題にかかわるから，明らかに出来の悪い学生を大手メーカーに推薦するなどとは考えにくい．先生に落ち度があったとすれば，「ドクターの学生なんだから，こちらがうるさく言わなくてもソツなくできるだろう」とタカをくくっていたことだろう．

　同じようなことは社会人としてのマナーについても言える．あの（！）

アインシュタインを理想と崇めている分野がある一方，企業や役所と頻繁にやりとりしている分野もあるので一概には言えないが，自分は社会人としてのマナーを身につけているわけではないと謙虚になって，巷に出回っている新人のためのマナー本などに目を通しておいた方がいい．ちなみに，社会人としてのマナーに関しては，自分の恩師がよい見本かどうかは疑ってかかった方がいいかもしれない．

前向きな人にこそチャンスは訪れる

　これはポスドク経験者について一様に言えることだが，大学や公的研究機関以外の職，研究以外の職種に応募する際に必ず突っ込まれるのが，「なぜ，アカデミックポジションではなく，ここに応募するのか」ということである．ポスドクの立場からすれば，大学院で学位を取得した後さらにレベルアップするためのトレーニングをしているという気持ちが強いかもしれないが，社会から見ればすでに大学院を修了して年数が経っている「既卒」であり，大学等において学生とは違う立場で，給与をもらいながら研究をしてきた「経験者」である．つまり，ポスドクが企業に応募する場合にはキャリア採用（中途採用）の募集にエントリーすることになる．その場合に必ず問われるのが，先ほどの質問である．

　採用側にとっては，応募者がすでに走りはじめているアカデミック・キャリアを中断して，こちらを志望する理由を聞きたいと思うのは至極当然のことだろう．人によっては，「どう考えても現状では大学教員になれそうもない」という結論に達して企業に応募することもあるかもしれないが，そんなネガティブな動機の人を採用するほど企業はお人好しではない．今回の転職（敢えてこの言葉を使う）が自分にとって望むべき明るい将来をもたらすためであるというアピールが求められる．応募書類を出す前に，まずは何より自分自身が納得できる理由を導き出すことが重要だ．「研究できなくなったら寂しいんじゃないの」とか，「大学に空きが出たら戻りたいよね」とか，あの手この手で探りを入れられるのでこの点は覚悟しておいた方がいい．

いつまでに結論を出すべきか

　何をやるにしてもかなり準備が必要なことは重々承知のことであろう．その準備にかける時間が足りなかったせいで後悔することがないようにしたいものだ．

　従来，日本のポスドクにありがちだったのが，「何となく研究者になりたくて…」という漠然とした希望に引きずられるまま，博士課程に進学しポスドクになって転々とするという例だ．前項で，ポスドクが企業へ就職する場合は経験者としてのキャリア採用になると述べたが，その際の比較対象は，例えば同業他社でキャリアを積んできた他の応募者であり，その企業にいる同年代の社員ということになる．そういう人達と比較して，自信のもてる部分はあるだろうか．読者の皆さんには，**次の段階に行く前にこれから選択しようとするキャリアのメリットとリスクを充分認識する時間をもってほしい**．

　では，具体的に各段階でいつまでに腹をくくっておかなければならないかというと，博士課程（後期）に行くかどうかであれば修士1年の夏，ポスドクになるかどうかであれば博士2年の夏ということになろう．もちろん，大学院の入試は修士2年の夏に受けるし，各種ポスドク支援制度対象者の募集は博士最終年の秋以降というのが一般的だ．しかし，それよりももっと早くから企業への就職活動は始めなければならない．正直なところ，今のご時勢では博士課程に進学するのもポスドクになるのもかなりの覚悟が必要だ．学生の立場から言わせれば，ただ漠然と研究者になりたいから…と，大学のポジションが空くのを待っているような人に指導教官になってほしいとは思わないだろう．客観的に自分を観察する必要があるのだ．そのうえで「私は数多くの選択肢のなかから，敢えて研究者という道を選ぶ」と言ってほしい．

Column　大学教員に求められるもの

　ここで，個人的な意見を述べさせてもらうと，公募をするなら国際公募でないと意味がないと思う．その理由はすでに述べたように，日本語のみで募集を公開しても応募してくるのは日本語が読める人間（そのほとんどが日本国内にいると思われるが）に限られ，そうなると目新しい候補者の出現はほとんど期待できないからだ．国際公募ならば，まさしく全世界から候補者が集まることが期待できる．ただし，世界中から集まった候補者の多くは日本語を使いこなせない．

　日本の大学教員は研究能力以外にも多くの能力を要求される．事務方の職員，同僚の教員などとすべて英語でコミュニケーションをし，講義も英語でよいと言われたとしても，どうしても日本語が必要な場合もあるのだ．例えば，研究室の学生がもしかしたら特別なメンタルケアを必要とするかもしれない……そのような場合にじっくり話を聞いてやれるかどうかは大きい．

　ドクターの学生に入学を許可したりポスドクを雇用したりする場合には，何か光るモノが1つでもあれば受け入れたいと語る先生は多い．彼らはまだまだこの先大バケするかもしれないからだ．しかし，スタッフとなると話は全く別で，すべてにバランスが取れていることが必須条件という．同僚あるいは部下と上司という間柄になれば，お互いに協力して果たさなければならない責任がある．日々の活動実態を見ると，教員スタッフとポスドクにはさほど違いはないように思えるかもしれないが，先生方の認識にはこのような違いがある．

（三浦有紀子）

第3章
事例から学ぶ『研究』と『キャリア』のマネジメント術

　前章では，次世代の研究リーダーがどのようなスキルをどのように身につけたらよいかという課題認識で，4つのスキルを解説し，キャリア設計やキャリアアップのための具体的行動について述べた．ただ，読者のなかにはこれらの知識やスキルが研究の現場でどのように実践されるべきなのか，より具体的なイメージがほしいという方も多いことだろう．

　本章では，経営学でよく用いられる事例研究（ケーススタディー）といっ手法を用い，著名な4名の研究者にご協力いただき，その研究グループの取り組みを紹介する．いずれの事例も高い研究力に加え，これまでの大学や研究機関にはない新たなしくみやプロセス，組織の構築にも精力的に取り組まれており，まさに21世紀のイノベーション・マネジメントの実践者といえる．ぜひこれら研究リーダーの活動内容をもとに，マネジメント・スキルがどのように発揮されているか実感していただきたい．

第3章 事例から学ぶ『研究』と『キャリア』のマネジメント術

1. 審良静男 博士
――学生を主人公にし,チームとして研究に挑む

自己キャリア

自分自身のテーマとテリトリーをもつ

　私はM.D.なので,研究のやりがいとしては,もちろん世の中の役に立つ研究をしたいということがあります.本当は,研究は4年間でやめて,また臨床に戻ろうと思っていましたので,ずっと続けたいと思うようになったのは,研究が面白くなってからです.大学院の博士課程で岸本忠三先生のラボにいて,CellやNatureに論文を出すことができました.いい成果が出たことが研究を続けるきっかけになりました.それがなかったら,おそらくやめていました.

　いい研究とは「他人にインパクトを与える研究」だと思います.自分が面白いだけでは駄目です.**自分が面白いというのは,それは相手にどれくらいインパクトを与えているかということに一致しています**.だから,研究が好きだからやっているのではなくて,いい成果を上げているから面白くなる,と思っています.

　今の研究テーマである自然免疫に至るまでは,ほとんどがテーマを見つけるための試行錯誤でした.だから,CellやNatureに論文を出したときも本当は面白くないのです.人のやった後だから.昔からずっと思っていたのは,**自分自身のテーマというものをもちたい,テリトリーをもちたい**,ということです.自然免疫にたどり着くまでいろんな研究をしてきましたが,そこで力やスキルを身につけながら自分のテーマを探していたのです.

　私がいつもモットーにしていたのは,どのラボに行っても**絶対そのラボの中心課題をやる**ということです.脇役のテーマは絶対しない.その

ラボにいると他のラボよりもメリットがあるとか，そこでそれをすることが最も研究成果も上げられるということ，それらを最も重視していました．ただし，所属したラボでは，自分がそこで力をつけるためにテクニックや知識を学んだのであって，独立したら**ボスと同じことは絶対しない**と決めていました．ボスのテーマなので，最後は全部ボスのものだというのがあって，自分のテリトリーを見出したいと考えていました．

私は岸本忠三先生のラボを出たあと，1996年に独立しました．そのときすでにSTAT3という遺伝子を自分でクローニングしていて，脚光を浴びていました．そこでいくらでも論文を書こうと思ったら書けましたが，STAT3の研究はやめてしまいました．STAT3をいくら研究しても結局は岸本研のSTAT3なのです．さらに言うと，STAT1をクローニングしたジェームス・ダーネルの研究の流れに乗っているだけのことでした．「なぜこれをやめるのか？」「もったいないじゃないか」などと言われましたが，そこは割り切っていました．独立して兵庫医大に移ってからは，岸本研の後半のときにノックアウトマウス作製のテクニックを身につけていたので，まずランダムノックアウトをして，フェノタイプが出てきたものについて研究を進める，というアプローチを始めました．

トップレベルの研究をしているラボを選ぶ

私は，いいラボに行かないといけない，と昔から思っています．私自身そう考えてきましたし，私のところへ面接に来た人にもいつも言っています．大学のときにいいラボに行かないと後々損をしてしまいます．やはり，研究を行ううえで，考え方，研究戦略が重要なので，いいラボからしかいい研究者が出てこないと思います．

いいラボの基準は，トップレベルの研究をやっているかどうかです．それはどんな場合においても意味があると考えています．もしラボに何らかの問題があったとしても，結局はアウトプットが大事です．例えば，いくらボスの人柄がよいとか，ラボが家庭的で雰囲気がいいとか，そんな理由でラボを選択するとその人はまず伸びないでしょう．

研究組織のマネジメント

早いうちに独立させる

　私がラボを運営するうえでいつも考えているのは，早いうちに独立させることです．

　ずっと人の下についているのではなく，早いうちに独立して研究させるのです．研究室に入って助教の下でずっと丁稚奉公して，というやり方は絶対にしません．助教はある程度犠牲になるかもしれませんが，入ってきたら大学院生が中心になって仕事をし，助教は横からサポートする．論文の筆頭著者は大学院生が書くというスタイルを，私が独立してからずっとやっています．

　そうすると，やっている本人が満足できますし，自分の仕事として最後までやっていけるという達成感があります．助教は大変ですが，彼らも大学院生のときはそうしてもらってきていますから，あまり問題はないと思っています．

研究テーマの設定のしかた

　私たちはノックアウトマウスをつくることが多いので，研究テーマとしてある遺伝子を渡すのが普通です．自分自身が早いうちからその仕事の中心にいられるような状況をつくっています．なるべく自分の仕事という認識をもち，そこを一生懸命やってもらうこと．それを心がけています．

　ノックアウトの場合も，興味深いフェノタイプは3つに1つぐらいしか出ないので，一人で5つくらいつくっています．多い人は20種類くらいつくっています．院生はターゲットベクターをつくるだけで，後はテクニシャンが全部やってくれます．マイクロインジェクションしてノックアウトマウスをつくるところまでは，それをサポートしてくれるプロがいるわけです．私たちは，システムとして効率的に研究を進めていま

す．いつも「おまえのとこは，ノックアウトマウスつくるのが早いな」と言われます．1年以内につくるから，世界で一番でしょう．1年先を越されていても，ノックアウトマウスの作製で半年分追いついて，その後の半年で解析でも勝てるだろうという自信があります．今までほとんど負けたことがありません．

自分たちが最も得意な分野で攻める

ある時期，発生とか神経とか自分の分野違いのことをやりかけたことがありますが，すぐに「これはまずいな」とわかりました．

私は免疫学には強いのですが，他分野となるとまず知識が充分ではありません．以前，発生関係の論文を出したときのレビュアーの評価はひどいものでした．自分たちで見たらきれいと思ったのに，こんな汚いデータは見たことがないと言われたこともありました．逆に，私たちは免疫をやっているので，データの流れや図のつくり方をみれば，免疫のプロがやっているのかどうか，すぐにわかります．論文で同じようなことを述べているのですが，プロかプロでないかは一目瞭然です．発生学に関して私たちはやはりアマチュアでした．

それを痛感したので，やはり戦略としてはランダムにノックアウトマウスをつくっていくけれども，免疫だけに焦点を絞りました．神経や他の分野にとって興味深いマウスができたときには，他の研究者とコラボ

レーションしてマウスを自由に使ってもらっています．やれば論文が出ると思いますが，自ら広げたらろくなことがないというのがわかっていますので，免疫学からはまず出ないと思いますね．やはり自分の得意なところを生かさないといけないと思います．ラボに行ったらそのラボの一番いいところを取ろうと思っていたのと同じことで，**自分たちが一番得意なところで攻める**ということですね．

また，私たちにサイテーションが多いのは，自分たちと関係ない分野では全く自由にマウスを使ってもらっているからです．

あらゆるテクニックを取り入れる

私は，**あらゆる新しいテクニックが好き**なので，新しい手法が出てきたらどんどん研究に取り入れていきます．

今私たちがやろうとしているのは，イメージングです．大阪大学免疫学フロンティア研究センターは「世界トップレベル国際研究拠点形成促進プログラム」に採択されたイメージングの拠点です．二光子励起顕微鏡を使ったり，さまざまな蛍光試薬を使ったり，アソシエーションしたら色が変わるようなプローブをつくろうとも試みていますが，タンパク質や物質の，時間，空間的な動きを見るという方向が，これからの主流だと考えています．

この10年ほどは，DNAマイクロアレイばかりやっていました．それから，免疫沈降した後引っ付いてくるタンパク質をランダムに質量分析で同定しています．私たちはノックアウトマウスをつくるのが中心なので，その遺伝子がたくさん要るのです．

成果を論文としてまとめるタイミング

大学院生のなかで，4年間かけて卒業できなかった人はいません．一応助けたりしながらでも，全員はその期限内に卒業しています．

論文は，やはりレベルが高いのを望んでいますが，敢えてレベルを下げて早く出すこともあります．難しいのは，時間とのバランスです．1

年かけてこのテーマを続けるか，やめて新しいテーマに行くか，その辺を私とスタッフの間で相談しながら慎重に決めます．時間をかければいいジャーナルに載ることがわかっていても，結果が出る1年後まで待つか，それとも少しレベルを下げて早く出すかという判断は毎回それぞれです．

　トップダウンで決めますが，やはりお互いコンセンサスが要りますから，**結局は個人の問題になります．**ラボ全体としてはもう早く切って，次に行きたいと思っても，Natureに載るか，ランクの下がるジャーナルに載るかは，その人のキャリアにとって後々重要になってきます．そこはお互い相談をするようにしています．

　私は，忙しいこともあって学生と話をほとんどしませんので，スタッフとディスカッションをするようにしています．直接学生とディスカッションするとプレッシャーになるかもしれませんので．

生活費，研究成果～大学院生の不安をマネジメントする

　学生の生活面は，各ラボによって異なると思いますが，生活費が大きな問題だと思っています．グローバルCOEやその他の競争的資金になると，生活費のサポートも最近できるようになっています．私たちは博士課程の学生に必ず年間100万は無償で生活費をサポートしています．やはり，**大学院生にとって生活費は結構大きいのです．**

　修士課程までは行けるけれども，博士課程までは行けないという人が結構多いことがわかって，やはりそこはサポートすべきだと考えています．ヨーロッパでは，結構な額を奨学金としてもらっているようです．この間ドイツへ行って，学生にいくらもらっているか聞きました．年間1万5千ユーロ（230万円）ぐらいはもらっているそうで，日本の学生から見たら充分な額です．

　タイムマネジメントは何もしていません．私が9時に来て5時に帰っているくらいですから，完全に自由です．私が実験していたときも，コンスタントに来てコンスタントに帰っていました．朝から晩まで実験を

やっている人も多かったですが，きちっとまるで時計のように動いていました．今日はここまでやるために，ここで終わるだろうというのは予測できるので，計画的に進めていました．

学生にとって，自分が大学院にいる間に論文が出せるのか，というのは大きな問題です．学生は不安だと思います．そして不安がストレスになってしまいます．そして，いつも失敗ばかり繰り返して成功経験がないと，負の方向に考えがちです．しかし，ノックアウトマウスをつくることは皆できます．**自分の成功感**というか，何かを成し遂げた，と思えることが不安の解消につながりますし，負の方向になるとスタッフが助けるようにしています．死中に活路を見出すという教育方針もありますが，今の時代はそうではないと思います．どちらかというと，**協力してお互いやっていくという時代**です．お互い助け合いつつ，一人の力でやっていく，生命科学は全般的にそういう印象です．

研究スタッフは競争でなく協力関係が重要

私たちのラボのスタッフは優秀です．3～4人いますが，それぞれテーマが全部違います．**うまく調和がとれている**というとおかしいけれど，スタッフの間でコンペティションにならないようにしています．そして，なるべくスタッフの間で，お互い助け合うよう指導しています．ですので，私たちの論文は共著者が多く，10人以上になることが普通です．

私たちはスピードを最も気にしています．自然免疫の分野では，2週間とか1カ月という勝負が結構あります．ここまで勝ってきたのは，チームが仲よく協力してきたからだと思います．

私の役目は，**研究の方針を立てること，次のテーマを見つけること**です．いつも新しいことを狙っていますので，今ではもうToll-like receptorの研究は捨てています．次の次，そのまた次というように，数年先どうなっているかが一番気になっています．

今，イメージングをやりながらも，「その次何をしようか？ やっぱり細胞生物学に行こうかな」と考えています．免疫学から細胞生物学へと

考えているのは，時間，空間的な分野がまさしく細胞生物学だからです．もちろん免疫学という自分たちのテリトリーから入って行こうと思っています．

　私が海外出張に行って見てくるのは，これから自分のラボはこれを続けていっていいのか，またいつどこへ移るのかということを見極めることです．新しいものは全部取り入れます．「何でそんなにいろんなことをやるのか？」「無節操だ」と言われますが，**無節操ななかからピックアップしていく**のが私のスタイルです．ノックアウトマウスもスクリーニングで取り組んだのと同じように，テーマも最初はスクリーニングだと思っています．石油を採掘するようなものです．石油が出てきたら，みんなそこへ集まってのめり込み，終わったら今度また別のところに穴を掘って，ということを繰り返しています．ずっとそんな研究スタイルできています．

現在のスピードに併せたラボマネジメント

　私たちが分子生物学を始めた頃と比べると，時代はかなり変わっています．スピードが違うのです．私が留学したころ，1～2年でCellに論文が書けましたが，今では，今から留学した人が1～2年ですぐ論文を書けることは絶対ありません．少なくとも5年か6年は必要です．では，5年かけてNatureに論文を書いてきたら評価されるかというと，まずされません．しかも，評価も5年ともたなくなっています．不思議なことに，昔だったら短い期間にCellやNatureに書けて，その成果が長引いたのです．ところが，今ではNatureに出しても，それを講演で発表できる期間は6カ月に満たないのです．皆が要求してくるのは，いつも「What's new？」です．Natureに書けば2～3年安泰という時代ではなくなりました．

　私は，私のラボで研究をした人は，**全く違うテーマを選ぶべき**だと思っています．だから，みんな今違う分野に敢えて行かせています．**そうしないと次の時代は生き残れない**からです．知識のマージンとでも言い

ますか，今までここでやってきたことと全く違う研究をやったときに，また新しい何かが出ると信じています．もし10年先も今と同じことをやっていたら，その人は一流になれないでしょう．

例えば，以前私のラボで免疫の研究をやっていた人の一人は，今はニューヨークでmicroRNAの研究をしていますし，これからバイオインフォマティクスをやろうとしている人もいます．これからの人のことを考えたとき，その方がいいと考えています．

これから研究の世界を生きていくためには，数学とか物理とか，そういう分野との連携が必要になります．私のラボでも，数学，物理を出た人に来てほしいと思っています．農学部，理学部，生物学などの生命科学を出た人は，私たちと同じ考え方をするからです．多様なバックグラウンドの人でないと，生物学のストラテジーだけでは次のプロフェッサーになれないのではないかと思っています．

私の場合は，スタッフをどう目立たせるかというのが大きなテーマです．大きなラボではスタッフが目立たなくなりがちです．彼はこういうことをやっていますとか，この分野のここをやっていますと，スタッフの色分けができればと考えています．

食事はスタッフといつも一緒に行っています．何人かのスタッフといつも外に昼飯に行くので，そこでいろいろラボの様子を聞いています．ラボ自体が助け合うような姿勢になっているかをいつも気にしています．ラボによっては，競争させているグループもたくさんあります．ラボの中で競争させて，勝ったり負けたりというのが，一番まずいと思っています．

ポスドク余り問題〜フレキシブルな発想で

ポスドクで余った人に，経験を生かしたポジションや職場を見つけてあげなさいというのは社会的によく言われていますね．なぜそこまで研究に固執するのかと思う人もいます．ほどほどの業績しか上げられないのにずっとそれを続けて，最後まで本当にそれでいいのかなという人も

結構います．下手の横好きというか，フレキシブルではないと言った方がいいかもしれません．フレキシブルでないことが，研究者の悪い点に共通する面なのかもしれません．ある1つのことをずっと研究していくタイプと，そうでないタイプの2つがあってもよいと思います．

例えば，小説家でもいろんなタイプがいます．私は，直木賞タイプが好きです．1回芥川賞を受賞してずっとその1冊で生きていくタイプは，自分の性に合わないです．直木賞みたいに毎年ごとにベストセラーを書いているようなタイプが好みです．

研究以外の活動

日曜でも研究のことばかり考えていることが多いですが，小説はものすごくたくさん読みます．小説は，家でも新幹線の中でもいつも読みます．年間100冊以上読むかもしれません．文庫本，特に幕末物ばかり読んでいます．あくまで気晴らしですが，幕末の本を読んでいると元気が出ます．その時代の背景や考え方を知るにつけ，みんな元気に動いているな，と勇気づけられます．

（聞き手：仙石慎太郎）

プロフィール

審良静男．1977年大阪大学医学部卒業，1978～1980年市立堺病院内科，1984年大阪大学大学院医学研究科博士課程修了．1985～1987年カリフォルニア大学免疫学部ポスドク，帰国後大阪大学細胞生体工学センター助手，助教授を経て1996年兵庫医科大学生化学教授，1999年より大阪大学微生物病研究所教授，現在，大阪大学WPI免疫学フロンティア研究センター拠点長．遺伝子改変マウスを用いて生体防御・炎症反応やそのシグナル伝達を解析している．

第3章　事例から学ぶ『研究』と『キャリア』のマネジメント術

2. 森下竜一博士
―自分の力で考えることの重要性，メンターの必要性

研究マネジメント

研究ミッション

　私たちの研究室では，臨床医が多いこともあって，世の中の役に立つこと，世の中に還元することを目標に研究を行っています．知の貢献をするなら，ノーベル賞をとるような内容で行うべきですが，社会に貢献できる基礎研究をする場合は，次につながるような，**研究のための研究にならないよう，着実なステップアップができる研究**を目指しています．

　また，他のラボがやっていることをやっても仕方がないと思っています．5分や10分を争うような競争は私たちの体制では勝ちにくいし，しなくてもいいと思っています．ほとんどの研究は，世の中の役に立つものでないことが圧倒的に多いと思います．

　価値観の話になりますが，私たちにしかできないことをやろうというのが，基本的な考えです．研究室の方針として，何のためにその研究をするのかを視野においてほしいといつも言っています．「そういうことをすることで，一体だれが喜ぶの？」ということです．ですから，ニーズがないことをしても仕方がないと考えています．

研究戦略と組織対応

　私たちのラボでは高分子医薬の創薬研究を行っています．具体的には，遺伝子治療，核酸医薬，ペプチド薬，抗体医薬などです．企業体ではないので多様性は高いですね．やはり，多様性があるのは大学の強みです．

　研究室のプロジェクトは，権限委譲タイプでどんどん下に権限をもたせていきます．研究プロジェクトを組み立てるのも，サブグループです．

結局，私が言う範囲で研究していると，いつまでも私を超えられませんから．私のアメリカ留学時代のボスも，「10人ポスドクがいたら全員をカバーしているわけではない．実際に研究をやっている人がその分野の専門なのだから，お前が俺より詳しくて当然だ」というスタンスでした．

　私たちのラボでは，どちらかというと次世代の研究者のリーダーになれる人を育てたいという目標が強いです．管理をしてしまうと伸びないし，やはり自由な発想が減ってくるからです．私たちのラボから教授や次世代のリーダーが出てくるのが幸せだと思っています．教室のために貢献しないといけないというのはありませんが，教室のために貢献するとあなたが幸せになりますよ，と言っています．

　また，研究のインセンティブを何にするかに関しては，結局研究者は自分が認められたい，あるいは自分の研究成果で世の中が動くのが楽しいということだと思います．学術論文のファーストオーサーシップがとれるような研究を学生にも奨励したり，シンポジウムにも早い段階から出てもらう．招待講演などを受けるのも本人の自由で，基本的にこちらでそれを受けてはいけないということもありませんし，むしろどんどん呼んでもらうのがいいと思っています．アカデミアで認められるような活動への参加を1つのインセンティブにしています．

　もう1つの目的は，個人個人の活動の共有化です．ラボミーティングは，全体の進捗管理を行い，先ほどお話しした研究室のミッションとかストラテジーを共有化するための1つの方法でもあります．全体を知ることで，ラボのプラットフォームの共有化はやりやすくなります．そのほかに，共通のラボノートとか共通のラボマニュアルをつくったり，抗体などの試薬を共有化するなどの取り組みを行っています．

ラボの運営体制

　ラボミーティングの運営は難しいです．アメリカにいたときと違って，日本ではみんなしゃべらない．アメリカの場合，その背景にはトレーニングがあって，そういう姿勢で構わないとか，発言を是とされるような

風土はあると思いますね．

　スタッフミーティングは週1回やっています．議論は予算管理やラボミーティングでの内容の反省です．学生や一般のスタッフの前で叱るというのはよくないですから，その場では言いません．

　ちなみに，私のラボでは論文講読会（ジャーナル・クラブ）はやっていません．自分の仕事に関する論文は自分で読めとの方針です．人が読んだのが正しいのかもわからないし，ジャーナルが正しいというのがそもそも間違いです．読んでなんとなく勉強した気になるというのもよくないと思っています．

　ラボという研究ユニットも，最もよいサイズを考えなければいけないのですが，日本ではその議論はほとんどありません．本来は，どのくらいの数のユニットをそれぞれ何人が束ねるかを真剣に検討する必要があると思っています．欧米の例でいえば，5人から6人の小さいユニットが4つ，そこにラボテクニシャンがついて合計20人というのが通常ですが，それは正しいと思います．それが，テクニシャンも含めてPIが管理できる限界ということですね．その人数を超えると，そこから先は自分の興味がない研究になってしまいます．

　また，日本の研究室はロジスティクス（ロジ）面が弱いと思います．それぞれのユニットについて，何人テクニシャンが必要で，どのように秘書を配置するかといった議論が重要なのに，このようなロジをしっかり組んだ研究室はあまりありません．アメリカの研究室はある意味完全に軍隊制度で，ロジがしっかり組まれています．研究グループには必ずテクニシャンがいるなど，その辺ははっきりしている．私がいたスタンフォード大学でも研究者の数と秘書の数が同じくらいいました．日本の場合10対1とか20対1くらいでしょう．

外部活用，コラボレーション

　研究教育ではアウトプットを出すこと，そして光陰矢の如し，時間が一番大事なことを教えるべきです．そのために，外部とのコラボレーシ

ョンはやりたければいくらでもできるようにしています．あとは，外注を上手く使うようにしていますし，キットもどんどん活用します．今では独特の研究技術，スキルを身につけたってすぐに新しいものが出るし，研究者が自分のスキルを身につけないといけないとは思っていません．むしろ，**研究者の大事な能力は，周囲のスキルやリソースを使って，どのように実験を組み立て，どのように結果を出していくか**，というところだと思います．

　最短の時間で一番安い値段で最大の成果を出すことが一番の理想で，そのためにはどうしたらいいか．私がいつも言っているのは，論文計画や実験を始める時点で，論文のストーリーライン，図表1つ1つのイメージを頭の中に入れなさいということです．そうすると最短で最低限の実験で結果を出せるようになるし，それを組み立てないと無駄が多くなる．結局，ストーリーテラーじゃない人の論文は面白くないし，そもそも書けないと思います．

　なかには長いこと学生をしたがる人もいます．私のラボではアルツハイマー病の研究などをやっていますが，発症が遅いんです．しかし，発症が遅いからといってずっと2年間同じことをやるのは間違っています．2年で1回しかできない実験は，何年かけても進みません．半年でできるモデルをつくってから実験をするようにと言っています．目標が何かをよく考

えて研究する必要があります．

　研究資金の出し手だって，一体何年同じ研究にお金を出してくれるかわかりません．臨床研究の場合は1年は半分にならないので仕方ないですが，普通の研究であれば，やりようによっては1年が半分でも1カ月でもなんとでもなる世界です．そもそも，完璧を目指す必要はない．完璧であることを完璧だと証明してくれる人はいないんです．自分の遺伝子を見つけてきて，5年かけて解析して1本論文を書けば評価されるという時代ではもはやありません．5年に1本だったら，出る頃にはもう君いないよね，といつも言っています．

　日本では人材の多様性を確保しづらいことも問題です．私のラボは臨床家もいればPh.D.の人もいますが，異質な人を排除するのではなく，異質な人にラボに来てもらおうという方針です．異質な人がいないと新しい発想が出ませんから．外部から採用することもありますが，雇える範囲が限られているというのが一番厳しいです．

産学連携，大学発ベンチャー

　私は大学発ベンチャー企業の設立にもかかわっています．本来は大学の研究室とベンチャー企業が密に連携すればよいのですが，なかなか上手くいっていません．日本人は本当に柵をつくりたがるんですね．どうして連携ができないのかと思うこともしばしばあります．その点，アメリカの方がやはりオープンマインドだと思います．

　産学連携でまず重要なのは，物理的な距離と，それを支える組織体制．オープンリソースにしないといけないというのはわかりきっています．知財の関係から，企業が大学に警戒しているし，大学側から歩み寄ることもあまりありません．基本的に，日本ではイギリスみたいにベンチャー企業が大学の中に入らないといけないと思っています．アメリカ人は国民性が明るいし，人材の流動性が高いという特徴があります．結局，大学・ベンチャー企業のどちら側に立っても同じです．でも，イギリスはそこまでオープンではないから，その分を物理的な部分でカバーして

いる．日本でこそ，このような取り組みを積極的にやらなければいけないのですが，どちらも充分ではないですね．

　加えて重要なのは，問題解決能力．イギリスは問題点を見つけて解決するために動いている感があります．それに比べて，一般的に日本は問題解決能力が低い．利益相反に関する議論がその典型です．そもそも，利益相反という言葉が何のために存在しているのか理解されていません．取り決めは研究を前に進めるために存在しているはずなのに，問題を解決せず，危ないから止めるという話になってしまう．結局は，研究成果が社会，ひいては生活者個人に還元しない限り経済はよくなりません．個人が税金を払うから世の中が動くのであって，いくら国にお金が入ったって国から税金はとれません．

キャリア論

選択肢を与えること

　研究者のキャリアの現状について，**学生には早い段階で言っておかないとかわいそうだとの意見もありますが，それは過保護**だと思っています．二十歳を超えたらもう大人です．社会情勢なんて新聞などを読めばわかるはずです．

　ただ，知るチャンスがあるかというのは大事です．教えるのではなくて，こういう選択肢があるけれども，あなたはどう考えるんですか，というのは，私は必要だと思います．どっちに行くべきだというのではありません．どっちでもいいと思うんですよ．良い研究者になるのが立派とは必ずしも思いません．知っていれば得をするのに知らなかった，というのはかわいそうだと思います．

メンターシップ

　それから重要なのはメンターです．キリスト教的な発想なので日本に

は浸透していませんが，メンターは必要だと思います．私はアメリカで当時のボスに，「俺はお前のメンターだ」と言われたんです．そのとき，「メンターって何だ？」と聞いたんですね．

あなたの研究者としてのキャリアを私が保証しますよ，本当にあなたの全人生を私が責任もちますよ，というのがメンターです．ただ，それはなかなか難しい．私は，自分自身がラボのメンバーのメンターだと思っています．日本では何らかのスキルとか研究に限った話になりがちですが，もっとメンターの意味って広いんですよね．本当にやはり，人生で困ったときにはメンターが与えてくれるサジェスチョンが貴重です．

最近，教授と学生のかつての関係が崩壊しつつあると耳にしますが，これは崩壊というより，おそらく日本にはもともとないのではないかという気がします．日本の教育者は徒弟制度で技術を教える恩師ではありますが，生き方を教える恩師では必ずしもありませんので．何となく習うことはあっても，そういう人生訓を教えるようなしくみというのはあまりないと思います．

実は研究者の世界だけでなくて，経団連にもメンター制度の導入に関する検討委員会があります．ベンチャーの世界でホリエモンみたいなのが出るのは，メンターがいないせいだという議論がありますが，それは半分当たっていると思います．

キャリアパスの多様性

研究者のキャリアパスも本来多様であるべきです．海外では，生涯現場の研究者でいたいという人は，そもそも学部長になったりしません．例えば，ノーベル賞を取ったスミッシー博士は学部長など全然やっていません．彼はノックアウトマウスでノーベル賞を受賞しましたが，彼はそのたびに常にステップダウンしています．自分で実験したいからです．アメリカでは大体そうで，最後まで現場で研究をやりたい人は，ステップダウンするんです．ステップアップしたい人は，マネジメントをするために上がっていきます．その点で，私のボスは典型例なのですが，マ

ネジメントをすることが評価の対象となっています．もちろん研究はできますが，マネジメント力が買われているんですね．

　上に上がる人は，後進のメンターとなって，彼らを教えていく必要があると思います．学閥や派閥ではなくて，メンターとのつながりが重要なんです．メンターという言葉を日本語に直すのは難しい．恩師ではなく，もっとメンタルな，生の部分なんです．言葉で伝えにくい，生き様みたいなものが入ってくる．研究をやっているといかにメンターがありがたいかがわかるし，困っている人にはメンターがしっかり世話するわけです．メンターシップが普及するだけで日本の大学は変わると思うんですね．

（聞き手：仙石慎太郎）

プロフィール

森下竜一：1987年大阪大学医学部卒業，1991～1994年米国スタンフォード大学循環器科研究員，大阪大学助教授大学院医学系研究科遺伝子治療学を経て，2003年より大阪大学客員教授大学院医学系研究科臨床遺伝子治療学（現職）．アンジェスMG社取締役，経済産業省構造改革審議会知的財産部門委員，知的財産戦略本部本部員（本部長 小泉純一郎 元内閣総理大臣）を兼任．

第3章　事例から学ぶ『研究』と『キャリア』のマネジメント術

3. 加藤茂明 博士
―良いインプットから最高のアウトプットへ

自己キャリア

研究の使命感

　私は農学部の出身なので，使命感という点では，**研究が「人の役に立つ」**ということを強く意識しています．例えば農学部だと，食糧の増産で人類を助けるといったことがあると思いますが，私の気持ちとしては，私たちの研究が間接的にでも何か人の役に立てばよいと思っています．

　医師の資格があるにもかかわらず基礎に転向してきた方も私のラボには3人います．彼らには，目の前の患者を治す以前に，根本的なことをやってさらに人の役に立てるということを伝えています．サイエンスとして，人間として，とにかく人の役に立ちたいという気持ちは非常に強いですね．

　農芸化学に来て一番感じたのは，世界は広い，大学で頑張るだけが研究じゃないということです．農学生命科学分野は社会とのつながりが非常に多く，先輩でも産業界で活躍されている方々が多い．私は生物学がやりたくて大学に来ましたが，農芸化学に入って行った研究は必ずしもそういうものだけではありません．

　私は，東京大学を出た後は東京農業大学に8年間お世話になって，そこで他者との付き合い方を知りました．東京大学ではあまりないかもしれませんが，自分が預かった学生を企業に斡旋しようと思っても，履歴書で落とされることもありました．肩書きで差別されるというのはこういうことかと，私も大学を出て初めて知ったのです．

　それ以降，私の人生訓として，**組織と付き合うのではなくて，人と付き合う**という気持ちが非常に強くなりました．外国からたくさんコラボ

レーション依頼のメールが来ますけど，そのメールの書き方でだいたい人柄がわかりますよね．とにかく自分が進めたいからという，良い意味でとても好奇心が強くて書いてくるメールと，とにかく自分が一歩でもステップアップしたいから，「お前がもってるもの，貸せ，よこせ」的なものとは違う．後者のような人には返事をしないことにしています．

研究分野の選択

　現在の研究分野，進路が定まったのは博士課程3年のときからです．フランスの核内受容体を研究しているピエール・シャンボン先生のラボに10カ月間留学して，そのときから核内受容体の分野に移りました．きっかけは，卒論のときからやっていた，女性ホルモンによって卵の白身を増産できないかという，栄養化学の家畜飼料学の研究です．当時は分子生物学をやらなきゃいけないということもあって，シャンボン先生にcDNAをリクエストしたのです．

　そういう経緯もあり，今の研究の根は深いんです．自分がやってることが幸せなんですよ．自分が育てたこともあって，ラボのメンバーがやっているテーマは，今の私にとって最高に面白いものでないと納得しないというルールがあります．**満足度とか幸福感というのは，やはり人間の価値観として大きい**と思います．人の役に立ち，かつ自分が満足してできる仕事に携わっているのはとても幸せです．

Ph.D.の意義と素養

　国家レベルの科学技術戦略を保つのに大切なのは，本書の主張のように，マスターの学生がいかに多くPh.D.に進むかというところだと思います．アジアや世界における日本の国際化は，もう時間の問題でしょう．そのときにやはり外国の人に尊敬される肩書きをもつことはとても大切です．Ph.D.が尊敬に値するというのは，日本にいるとわからないですね．日本の企業の上層部には，まだ博士号をもってない人が多いことも影響していると思います．しかし，あと10年もしたら，企業の経営陣の

相当数がPh.D.をもつように変わるでしょう．しかしながら，日本ではPh.D.の意味がよく理解されていないと感じています．

　私は，25歳を過ぎてもまだまだ大人じゃないと思っているし，古い人間なので，研究室の人たちにはうるさく，しつこく，いろんなことに興味をもてという話をしています．そういうなかで自分のやりたいことがわかるのでは，という期待があります．そういう意味で，Ph.D.が余っているというのは，自分に煮え切らない結果だと思うんですよね．野口英世みたいに寝ないで研究をやるというのは理想かもしれないけれど，外国をみれば全然そんなことはない．Ph.D.をもっていろんな仕事をやってる人はとても多いですよね．外国のPh.D.は，人間的にとてもまともだと思います．外国人のサイエンティストと一緒にご飯を食べて話したりすると，非常にいろんなことを知っています．あと，話が面白い．歴史から文学からいろんな知識がある．専門的なバックグラウンドが非常に強いのですが，芸術にしても，音楽にしても，余裕があります．

　ただ，やはり**重要なのはアウトプットの質**です．自分の預かった学生が，例えば「基礎研究者になりたい」とか「企業の研究で活躍したい」と言ったら，やはりその人にとってその人がなりたいような人生を送らせてあげたいと思います．そうなると，やはりアウトプットが重要です．今，私のラボの右腕の研究者は東京農業大学の出身で東京大学の講師だったんですが，彼は学生のときにScienceにファーストオーサーで論文を書いている．だから，彼はずっとその後は一流できています．もう一人，やはり東京農業大学のときに私のラボで博士号を取って群馬大学に移った弟子は，今年Natureに論文を書いています．そうすると，彼らは研究者として生きていけるんですよ．

　あとは**謙虚さも重要**．みんなインパクトファクターの低い論文のことをばかにするけれど，実際に論文を1本通すプロセスがとても大変なのです．その理解のもとに，研究者に対するリスペクトが生まれると思います．だから，よく雑誌会で居眠りしている学生に怒鳴るんです．「自分が論文出すときはあんなに大変だったのに，世界中の誰かがこんなに

頑張ってやった研究の論文に対して寝てるってのはどういうことだ」って．

ポスドク余りの本質

　ポスドクで余っていて本当に大変なのは，旧帝大ではなくて，地方大学出身者の就職です．彼らをどのように救うかを考えると，結局，アウトプットしか求められないでしょう．だから，当事者の学生にはちゃんとインプットして，最高のアウトプットを求める理由や方向づけを行う必要がある．「君は，これで将来道が開けるんだよ」という，その人が研究者として生きていくためのアウトプットの大切さを教えることが，私の教育の一環です．

　一方で，例えば，ここの分子細胞生物学研究所で教員を公募するとき，100人とか200人という規模で応募してきても，ポストは空いているのに決まらないんですよ．そのレベルに達しないというか．だから，それはポストがないからではないのです．私も35～36の若いときに，どこかにいいポストはないかという話を大先生にしました．そのとき先生がおっしゃったのは，「日本のポストは足りてるよ」．ポストは足りてるんだけどそれにふさわしい人間がいない，逆にいえば，いい仕事をしたら必ず報われるよ，と元気づけてもらったんです．

　実際，どんな世界でも，学位を修めた後，人間とし

て明るくてかつ能力があれば，ポジションは決まってきますよね．ところが今の風潮だと，例えば新聞の投書などで「自分は博士研究員だけど，この不安な生活を解消してほしい」みたいなことが書かれている．そうではなくて，どんな大学やラボの出身でも，そこで最高のスキルや最高のアチーブメントがあれば，少なくともバイオの世界は必ず道が開けるんだと声を大にして言いたいのです．

　私は，自分自身が人生を懸けてやっているというか，こんな面白いことはないと思ってやっている．だから，「面白かったらやってみろ」と言う．けれども，別に全員が必ずしもサイエンスが面白いと思うわけではないから，「いろんな道があるよ」とも言います．それから，うちのラボは外部との交流をとてもオープンにしています．少なくとも産業界に関しては，今はインターネットなどの情報伝達も活用し，幅広く交流をもっています．

　私自身は自分と違うキャリアパスについてはあまりわかっていないので，正直に「わからない」と言っています．ボスなのに非常に視野が狭くて，これしかないっていう人，結構多いでしょう．これは，だいたい教員の方が問題なんです．まずは教員を教育しなければいけないと思います．

研究マネジメント

人とのつながりのマネジメント

　研究室のマネジメントという点では，うちのラボは研究所のなかでは変わってる方だと思います．**特に，「横のつながり」はとても大切**だと思っています．研究室内にもグループは存在しますが，グループ間の壁は全部壊しています．A助教グループとか，B講師グループとか，そういうのはありません．飲み会1つとっても，Aグループが飲み会をやる場合，ほかのグループが参加できないのは禁止しています．

私の努力は1つだけですね．長く居る人を大切にすることです．長く居てもらいたいというか，来た人を大切にするというか．1年の人より2年，2年の人より3年というように，長く居る人に対してリスペクトを払うようにしています．例えば，今はテクニシャンが4，5人居ますけど，長く居れば居るほど技術やノウハウは蓄積するし，組織も非常によく回りますよね．私の右腕の研究者も，一緒に18年ぐらいやっています．縁がなかった人にはどうしようもないですけど，縁があった人は大切にするようにしています．やはり農学部のよいところは，良い意味でのお家制度，家族的なところです．だから，家族が家を出ていった後もやはり自分の子どもだから面倒みなきゃいけないと，というように思っています．

　私もシャンボン研究室に留学してわかったのですが，欧米では先生も弟子だと思わないし，弟子も先生だと思っていません．やどかりの殻だと思っているんです．だけど私は農学部出身の日本人だったんで，先生は先生だと思っているので，今もその気持ちは変わりません．一方でフランス人には日本的なセンスがあって，留学したときから私はシャンボン先生と師弟関係というのをとても大切にしてきました．嘘はつかないし，自分のやっていることを何でも言ったこともあり，日本に帰ってくるにあたって，継続テーマをいただいたんです．

胸襟を開くコミュニケーション

　これは留学中にわかったのですが，傲慢なアメリカ人のポスドクは，ボスは頭が悪いとか，フランス人は英語が下手だとか悪口ばっかりで，自分だったらこんなにできるみたいに言っていました．私はそれを見ていて，ちょっとおかしいなと思ったので，きわめて古い日本的な受け方で，全部隠さずに話して，自分はこういう方向に進みたいんだと話をしました．すると，「いや，自分の研究所ではこういうことをやっていて，アメリカのラボではこういうことをやってて，競合するんじゃないか」って，そう教えてもらえるんです．**相手を信用することによって胸を開**

いていただくという，そのスタイルは終生変わっていません．

4年前にジェフ・ローゼンフェルト先生のところにセミナーに行って，そのときに未発表の研究の話をしたらいたく感激されました．要するに，「君はコンペティターなのにこういうセミナーですごくフェアだ」と喜んでくれて．自分がやっていることをしゃべると，向こうもそれに応えていろいろ教えてくれるんです．「アメリカの誰々がこういうことをやっているよ」とかですね．

例えば，キーストン・ミーティングとかゴードン・カンファレンスに行って，お茶を飲んでいるときに"How's it going?"とか，"What's new?"という感じで話しますよね．シンポジウムではどの先生がだいたいどういう仕事をやっているかということを把握したり，三食なるべくいろいろな先生と会って話をします．食事するだけでも雑誌1冊読むよりもはるかに情報量があって，自分の戦略が見えてきます．結果として，向こうも「加藤がこういうことをやっている」という感じでその分野を避けるようになります．そうやって，お互いの均衡というか守備範囲が決まってくる．シャンボン先生も「こういうテーマがあるんだけど，うちのラボではできないから，君がやらないか」なんて感じでね．だから，私はあまり競争とかコンペティティブな関係は経験したことがないし，競合している人と会っても，直接ぶつかって話すことにしています．

「うっとうしい存在」であることの自覚

人の役に立つのが使命という話をしましたが，あともう1つとても大切だと思っているのは，「自分はうっとうしい存在だ」ということの自覚です．

私はラボにあまり長く居ないで，若い人に任せています．また，若いスタッフには「大学院生の議論にはあまり口を挟むな」と言っています．というのは，大学院生同士の議論っていうのは，合っているか合っていないかの問題ではないのです．お互いに議論することで自分の知識や理解を確かめ合っているんですね．一方，スタッフはそれに白黒決着つけ

て答えを教えようとする．だけど，それでは教育にならない．**答えを教えるプロセスというのは自分で調べればいいわけであり，そういう議論をするプロセスが非常に大切なのです**．それが，自分の考え方をもった人が育っていくことだと思います．

　もちろん，論文を再投稿してカバーレターを書くとか，レフェリーに対するコメントを書くというのは，どうしてもスキルが足りないから私がやらなければいけないと思うのですが，サイエンスのディスカッションや普段の議論などについては，上の人は下の人にとっての「考えるプロセス」の重要性を絶対に忘れてはいけない．やはり若い人ほど可能性もたくさんあるし，いろいろなことをフレキシブルにできると思うし，行動を専門化していない．そういう人たちに対して，自分も含めて人生のベクトルが狭まった立場の人間が，「君にはこれしかないから」といって邪魔をしてはいけないと思っています．

　要するに，指導者こそ空気を読まなければいけない．学生が私に気を使ってくれているのも，別に私に気を使ってくれているのではなくて，教授という立場に気を使っているんだということを忘れないでいることが必要です．先生にとって師弟感情というのはあるのでしょうが，私は自分が学生だったときの気持ちは忘れていないつもりです．

　　　　　　　　　　　　　　　　　　　　（聞き手：仙石慎太郎）

> **プロフィール**
>
> **加藤茂明**：1988年，農学博士（東大農），同年～1996年まで東京農業大学農芸化学科，1996年に東京大学分子細胞生物学研究所にて独立助教授，1998年，同教授．1997年よりJST/CREST-SORST-ERATO（2009年度まで）．1987～1988年まで仏IGBMC, P. Chambon教授の下ポスドク，以降核内受容体の研究をはじめる．受容体によるクロマチンレベルでの転写制御から，個体での受容体高次機能を解析することで，脂溶性生理活性物質の分子作用機構の解明を試みている．

第3章 事例から学ぶ『研究』と『キャリア』のマネジメント術

4. 中辻憲夫 博士

―学生との距離感を見極め，インテグリティーを堅持する

Ph.D.とは

博士（Ph.D.）の意義

　博士（Ph.D.）が社会的な評価を得るのは，単にその学問分野の知識が多いとか，実験技術をもっているからではありません．自分自身で情報を集め，問題を整理し，それを解くためのストラテジーを立案し，実行する，それを全部行えるのが博士のはずです．

　実際に，どのような人材としての博士を育てていくべきかについては，日本のアカデミア界が，方針やスキルを共有していかなくてはなりません．大学院教育だけでなく，若手のポスドクをいかに成長させるかという面でも重要です．しかし，現状としては，各ラボに任されていて，徒弟制度のなかでラボヘッドがラボ内のプロジェクトのデータを出してくれる人を労働力的に使うだけの教育であることが多いように思います．研究の競争のせいだと言い訳をするかもしれませんが．

　給料を払って人を雇い，作業として仕事や実験をさせるのはいいと思います．しかし，理想論的かもしれませんが，**大学院生本人にとってどうなることが最善なのか，その人の能力を最大限に生かし，発展させる手助けをラボがするべきです**．つまり，ラボのボスが自分の好みの人に学生を育てるのではなくて，その人がどういう人になるのが一番いいかを指導するのが，大学院生の指導であるべきだと思います．

博士課程の学生の教育方針

　教育は，能力と性格と興味，個性によって，実は個別に違うと思います．最初は，具体的な事柄について手をとって教える必要があるし，だ

んだん自分で考えるようになってきたら，自分でやっていけるようにしなくてはいけない．**それぞれの個性，能力を見極めて，その人にとって最適なものに調整する．**他方，距離感を誤ると逆効果です．例えば，力がついてきたポスドクが自分で研究を立案して進めていたら，あまり口出ししてはいけない．少し離れて見守って，研究費をサポートしたり，求められればアドバイスをしたりします．家庭の中の距離感と同じです．

　研究室には多種多様な個性をもった人がいます．人間がやれることには限りがあるので，20人を超える人達を密接に指導するのは不可能です．若手の教員のうちは，大学院生5人ぐらいを密接に指導します．ラボが大きくなってくると，ポスドクと1週間に1回ディスカッションするようになりますが，日常的にはそのポスドクが学生の指導をします．さらに進むと，助教や准教授がサブグループをつくり，そのグループリーダーとして助教等を置きます．もちろんきちんとやっているかを見る必要はありますが，ある程度任せています．彼らは将来自分のラボをもち，少なくとも研究プロジェクトを立案しなくてはなりません．研究費も自分で取らせてやっていけば，いずれ独立することができると思います．若いうちから，そういうサブリーダーを置いてきましたが，それはラボのマネジメントよりさらに上のマネジメントを私自身が若いときから引き受けてしまっていたという経験から来ています．

Ph.D.研究者の特性

　外国ではPh.D.とM.D.の両方が，幹細胞を使って医学を目指した研究を推し進めています．特に，治療研究以外でヒトES細胞をやっているのは，ほとんどPh.D.です．一方，日本はM.D.ばかりです．マウスの組織幹細胞の研究でも，ほとんどM.D.です．Ph.D.では私くらいです．

　日本は発生生物学で非常にいい研究を行ってきました．私も実は理学部の発生生物学の出身です．一方，再生医学については，日本で今これを推進しているのは，M.D.から発生生物学に入った研究者です．出身がM.D.かPh.D.かは別にいいのですが，日本の発生生物学者は，世界でも

非常に先進的で優秀なコミュニティーをつくってきました．その力をせっかく生かせる活躍の場を，敢えて避けてしまっているような気がします．

理学部的な発生生物学者は，非常に詳細で厳密な研究を行おうとします．一方，将来の医学応用の興味から入ってきた人は，割合大まかです．いかに早く応用するかが第一だからです．したがって，両者が再生医学研究に入っていれば非常によいと思います．一面的な見方かもしれませんが，日本の発生生物学者のコミュニティーが，学術研究が非常に聖なるものであり，その応用のための研究は世俗的だと考えているように思えます．発生生物学の重要な部分は結構わかってしまっていて，非常に細かな博物学的とも見えるところに入っています．それは確かに面白いのですが，幹細胞の再生医学は非常に面白い発生生物学のテーマです．

学術的に優れた研究をやっているラボは，基本的にはよい教育をしていると思います．しかし，発生生物学の黄金期で活躍したラボが教育する大学院生は，次の時代を生きなくてはなりません．あと30年，40年先に活躍するべき人を育てるのに，そろそろピークが終わりつつある学問分野以外に，どうも目を向けさせていないような気がします．

Ph.D.教育の要点

大きな意義をもつ問題を見極めて，正しいクエスチョンを出してそれを解く，そのストラテジーを考えるという能力が大事です．しかし，それは抽象的に学ぶことはできなくて，実際に何かをやって学ぶのです．大学院生が研究室に所属してトレーニングを行

いますが，問題を解くためのジェネラルな，かつ違う分野に行っても通用するスキルを身につけさせなければなりません．

先日『Adviser, Teacher, Role Model, Friend：On Being a Mentor to Students in Science and Engineering』という本を見つけました．10年以上前に，アメリカの「National Academy of Sciences/National Academy of Engineering/Institute of Medicine」が出しているものです．読んでみると，私が教育について考えていたことが，10年前に明確に指摘されています．学部教育，大学院教育，ポスドクのメンター，ヤングファカルティーのメンターなど，簡潔ですが全部カバーしています．Ph.D.を取ってアカデミアの職に就くのは50％以下だと書かれています．そういうことを承知したうえで人を育てないといけません．**自分と同じような研究者クローンを育てるのではなくて，その人独自のものが育っていくのを助ける．**教育者の役目とはそういうものだと書いてあります．

研究組織のマネジメント

大学研究組織をマネジメントするうえでの要点

基本的にはアカデミックな大学や研究所は，各PIが自分の研究室に責任をもっていて，あまり束縛しないで任せることによって重要な研究ができることが，企業とは違う点です．ただし，その組織のミッションは明確にしないといけません．リーダーはミッションをいつも明確にして，たとえ現実に妥協しなくてはいけない部分があるにしても，やはりミッションが明確であればあるほど，いろんな場面で難しい判断を迫られたときに，方向性を示すことができるのです．ミッションは，どちらを取るかというときの1つの規範となります．例えば京都大学再生医科学研究所（再生研）は，再生医学の基礎と応用を発展させるというミッションがあるので，それに従うと，例えば，次の教授を採用する際に，こういう人を採りたいという判断につながります．

人的資源，特にPIは，大学研究機関の場合非常に大事です．**どれだけ優秀なPIを獲得できるかが運命を決すると思います．**私が所長を務めていたとき，再生研の人事もこうやって進めました．幸い成功したと言える先生たちを採用できました．

フランクな人間関係で議論を

　リーダーのスタイルも重要です．リーダーがどのような人間関係をもとうとしているかは，非常に影響すると思います．権威主義的で助言や批判を嫌って，自分がすべて判断したいという，昔風のスタイルではなかなか意見は言えません．

　若手の人も気軽に声を掛けられてオープンでフランクに話せるほうが，情報や問題点が早めに上がってきます．それは非常に大事で，各PIもそのようにしてほしいと思います．

　ただ，拠点長のようになると，准教授とか助教とか，ほかの研究室の助教とかが意見を言いにくいということもあると思います．iCeMS（京都大学物質－細胞統合システム拠点）では，PIのなかにも執行部をつくっていて，教授会でコンセンサスの形成を待つのではなく，執行部で相談して拠点長が決めます．会社でいうと取締役会のようなもので，非常に決定が早くできるというメリットがあります．ただそれでも，情報が上がってこないと誤った決定をしてしまいます．そういう意味で私は，今まで以上に格式ばらないように努めています．例えば，新しい建物ができたら，私はランチタイムに昼食をいつもラウンジで食べて，誰でも自由に来て，無駄話でも雑談でもできるようにしたいと考えています．みんなが気楽に集まって触れ合うような場をつくらないといけないと思っています．いま私はそんな日常的な交流の場をつくりたいと思っています．

　自分自身の研究室のメンバーも，もっといろんな人と話すべきだと思っています．どうしても自分の実験を多くやってデータを出すことばかりを考えがちです．話すことが新しいアイデアにつながるし，幅を広げ

ることになると思います．iCeMSでは研究者を育てるために，コミュニケーション（communication），インテグリティー（integrity）をキーワードにしています．

研究組織を動かすマネジメント人材の必要性

日本では，研究所や研究組織全体をディレクターとしてマネージするときに，プロフェッショナルさが確立していないと思います．欧米では，ディレクターとして研究所を発展させたら非常に高く評価されます．例えば強い権限を与えられて，5年のマンデイトを与えられて，優れた研究者をリクルートし，組織全体の研究を発展させれば，指揮管理能力の高さが評価されます．いい雑誌に論文を出した人よりも別のレベルで評価されることになります．

ところが，日本ではそういう人材がそれほどいませんし，あまり評価もされません．客観的な評価なり学問的な評価として，いい雑誌に論文をいくつ出しているかという単一的で短絡的な評価になってしまっています．大学でも企業でも，世の中に貢献する優れた能力としては複数の種類があると思いますが，それが大学のアカデミズムの中では，特に理系では非常に狭い評価基準になってしまっています．

だから，非常に優れた研究をした人を評価するのはよいのですが，委員会や審議会をつくったときにその人の意見を聞けばすべてが正しい答えが得られるような風潮があるのは，危険な気がします．バランスの悪いことを言ったり，社会リテラシーに欠けていることがあるからです．

研究者のインテグリティー

インテグリティーは，私が好きな言葉です．「倫理」のように，締めつける感じがありません．私は，研究者自身がインテグリティーを高くもつべきだと思っています．**自分が信じることをすること，自分の研究，仕事に対して誇りをもって周りに惑わされないことが大事**です．特に大学の研究者の社会における役割は，時の権威やトレンドがどうであろう

と，自分で考え，信念をもって行動することです．それには，もちろんコミュニケーションや社会リテラシーは必要で，研究者，専門家，大学人以外の人とバランスよく話すことが必要です．

私は，以前遺伝研（国立遺伝学研究所）にいましたが，アカデミズムだけでは面白くないと思うなかで，ちょうど京都大学に再生研ができ，基礎研究もやり，再生医学応用もやるというのが性に合っていました．たまたま，サルのES細胞の仕事がうまくいっていたこともあり，再生研でヒトES細胞研究に取り組むことになりました．

私は，基礎研究者として教育を受けて訓練を積んだ科学者として，学術研究を進めるのは素晴らしいことだと思います．しかし，それが社会に貢献すればもっと素晴らしいと思います．**基礎研究がいいか応用研究がいいかではなくて，両方が大事です．特に，両方をつなぐ部分が非常に重要で，日本に欠けている部分**だと思います．基礎研究で新しいことを発見し，それが画期的な応用につながる．それが理想的です．

産学連携，ベンチャー

研究を社会に役立てるためベンチャー企業を設立

リプロセル社は実質的には私がつくったベンチャーです．設立したのは，私が再生研の所長になる少し前，所長になることが決まっていないころです．日本政府も大学発ベンチャーを推奨していて，私もES細胞を社会や産業に役立てたり，何か面白いことをやってみたいと考えていました．1,000万円集める必要がありましたが，たまたまとあるベンチャーキャピタルがハンズオンで経営陣を派遣してくれることになりました．補強する意味で東京大学の中内啓光先生を誘い，私がES細胞，中内先生が造血幹細胞などをカバーした形で，事業をスタートしました．中内先生は以前から付き合いがあり，非常に信頼できる，インテグリティーを保ってくれる人柄だということは知っていました．私が彼を引き込み，

各々の貯金をつぎ込んで資金を集めました．その後，私は再生研の所長になりましたので取締役は現在やっていません．**大学の研究室と公的な研究費だけではできないことができるしくみをつくりたかったのです．**

リプロセルで販売しているES細胞用の培養液は，ヒトのiPS細胞をつくるのにわれわれが開発したものを使って成功したということで，多くの研究室で使っていただいています．基礎研究から始まって，ES細胞という分野で応用的なものまで開発して，医学や創薬という形で人類に役立つのです．

そのなかで**ベンチャーは，何か産業利用，活用するということ以外に，単純に面白いと思っています．**大人の楽しみのようなものです．そうでなければ，こんなことできません．数百万貯金をはたいて，「どうせ紙くずになるんでしょう？」と言われながらやるわけですから．私は，大学研究者が必死で大学発ベンチャーをやるのはあまりいいと思っていません．私にとっては，自分の生き方というか，基礎から応用につなげる目的に合致していました．それを人任せではなくて自分も関与し，かつ楽しみがあり，あまり期待しないけれどひょっとして大成功するかもしれない．**いろんなことを試してみないと人生つまらない**，と思っています．

産学連携の課題

日本の大学では，知財状況があまりよくありません．例えば，iCeMS発の特許の状況を調べてみると，国内特許だけで終わっていたり，出願だけで終わっているような場合が多くありました．PCT出願（予備的な国際出願）をしないで，日本国内で特許が公開されてしまっていることも多い．以前はJSTの支援を得ていましたが，JSTは予算が厳しくなっています．企業のパートナーを見つけない限り，PCT出願でさえもできないのです．

幹細胞関係の国際特許動向を調べると，日本国内特許出願のシェアは50％が日本人．ところがアメリカやヨーロッパでの特許出願における日本人のシェアはわずか5％です．それに引き換えアメリカとヨーロッパ

からの出願を見ると，結構三極で同じ程度シェアを占めています．つまり日本発の大部分は日本だけで特許があり，アメリカとヨーロッパではない．ファンダメンタルな技術なのに，日本だけでもっていて価値があるでしょうか？

だから，iCeMSでは知財にも取り組みたいと思っています．iCeMSではこれまでの主にマテリアル関係の特許状況調査を行っています．知財の状況について，部局長が調べさせるのははじめてかもしれません．実際に，ある特許についてPCT出願の期限が迫っていて，JSTの予算が取れないから京大としてはPCT出願をあきらめるという案件がありました．発明内容は結構有望でした．そこで，発明委員会の担当者に「駄目だったらiCeMSの予算でPCT出願出すから検討してくれ」と言ったことがあります．そのときはiCeMSの予算を使っても，PCT出願ぐらいだったら1年半時間を買えるからやろうとしたのです．普通の部局だったらできないことです．

大学研究者がつくり出した知財をできる限り有効に活用するための新しい試みを始めたい．これまで適切なしくみがないので捨てざるを得なかったような特許に関しても，iCeMS全体として環境やエネルギー問題にも重要なマテリアル関係の知財や創薬を中心に目配りして，それを無駄にしない，活用するしくみをつくりたいと思っています．

(聞き手：仙石慎太郎)

プロフィール

中辻憲夫：京都大学教授 物質－細胞統合システム拠点長．1950年生まれ．1972年京都大学理学部生物系卒業．1977年同大学大学院理学研究科博士課程修了（理学博士）．1978年米国MITポストドク，1980年米国ジョージワシントン大学研究員，1983年英国ロンドン大学客員研究員，1984年明治乳業ヘルスサイエンス研究所研究室長．1991年国立遺伝学研究所教授，1999年京都大学再生医科学研究所教授，2003年より同研究所所長を経て2007年10月より現職（再生研教授を兼務）．著書『発生工学のすすめ』（羊土社），『ヒトES細胞 なぜ万能か』（岩波書店）．

第3章　事例から学ぶ『研究』と『キャリア』のマネジメント術

5. 良いラボの条件
―ケーススタディの考察

仙石慎太郎

　第3章-1〜4のケーススタディを通じ，非常に個性的で活動的な4つのラボラトリーについて多くの特徴を見出すことができた．以下蛇足ながら，観察された特徴，いわゆる「良いラボ」の条件について，まとめておきたい．

明確な使命感（ミッション），価値観，構想（ビジョン），戦略

　今回のインタビューを通じて共通してみられた特徴の1つは，使命感（ミッション），価値観，構想（ビジョン）および戦略という経営管理の骨格となるべき要素が，それぞれはっきりと組織のなかに確立されていた点である．そのなかでも特に使命感と価値観については4人全員，それぞれ揺るぎない信念をもっており，これがラボを運営するうえでの骨格となっている様子が窺える．

　使命感（ミッション）とは，時代や環境，境遇を越えて存在する一種の責任感をいう．企業などでは社是などと呼ばれている．価値観とは，使命感の基礎となるものの考え方であり，行動規範などと呼ばれることもある．構想（ビジョン）というのは，実際にどういう分野で何をやるのかという行動範囲である．そして，これらの前提に基づいて，長期的な計画や進め方に相当する戦略が位置づけられる．

　これらの要素はばらばらに存在するのではなく，図1のような階層構造をとることがよいとされる．つまり，「なぜ」研究活動に従事しているのかという使命感がまずあり，「何が」生むべき価値なのかという価値観があり，その次に「どんな分野で」「何に対して」価値を提供していくのかという構想，そして最後に「どのように」実現していくのかと

いう戦略,という順番である．これらの要素や構造がないと,本来あるべき姿と現実がかい離してしまったり,手段が目的となってしまったり,研究方針や計画が一人歩きしてしまうことになる．

　一方で,「なぜ」研究を行うかという使命感,「何が」価値かという価値観に比べて,「どこで」実現するかという構想・ビジョンについては,想像以上に柔軟な対応をとられているようである．確かに,サイエンスの課題はその学問分野の発展や深化とともに変化するものであり,進展が著しい分野では大幅なパラダイム・シフトも珍しくない．旧守的な発想に縛られることは,時として柔軟性,流動性を失い,時代に取り残されるリスクを伴うのである．

　この柔軟性は,追い求めるアウトプットの質ともかかわってくるのだろう．あまりにも特定の専門分野にこだわってしまったり,あるいは「長いことこの研究をやってきたんだから,いまさら変えられない」という固執を捨てきれないことにより,いわゆる「下手の横好き」を続けているケースも少なくない．研究の質を一概に判断することは困難だが,充分な価値を発揮しているかに常に敏感でいることは重要である．

シンプルな組織形態

　もう1つの大きな特徴は,今回インタビューしたいずれのラボも組織

使命感（Mission）
● 時代・環境・境遇を超越して存在する使命感
　→組織・個人の存在意義

価値観*（Values）
● 上記使命感の基盤となる,基本的なものの考え方
　→組織・個人の行動規範

ビジョン（Vision）
● 特定の系における,上記使命感の具体的反映
　→組織・個人の行動範囲

戦略（Strategy）
● 上記ビジョンを達成するための基本的な計画

*使命感と同一に議論されることもある

図1●使命感,価値観,構想,戦略

の構造やプロセス，スタイルが実に明快であり，全体として整合性がとれている点である．また，学生・ポスドクをはじめとするメンバーに充分な教育的配慮がなされている点である．

今日では，組織の健全さや良し悪しを判定するための一種の診断基準として，図2に示すような7Sというフレームワーク（評価の枠組み）が提唱されている．これは，組織のもつべき重要な要素を7つのSがつく単語にまとめ，その関係を図示したものである．組織の「7大栄養素」とたとえるとわかりやすいだろう．順番に解説すると，まず一番真ん中にあるのがShared value（共有価値観）であり，組織で共有している使命感や価値観，構想を意味している．そして，これを取り囲むかたちで他の6つの要素が存在する．Strategy（戦略）は長期的・根本的な計画を，Structure（組織構造）はその組織や業務プロセスの形態を，

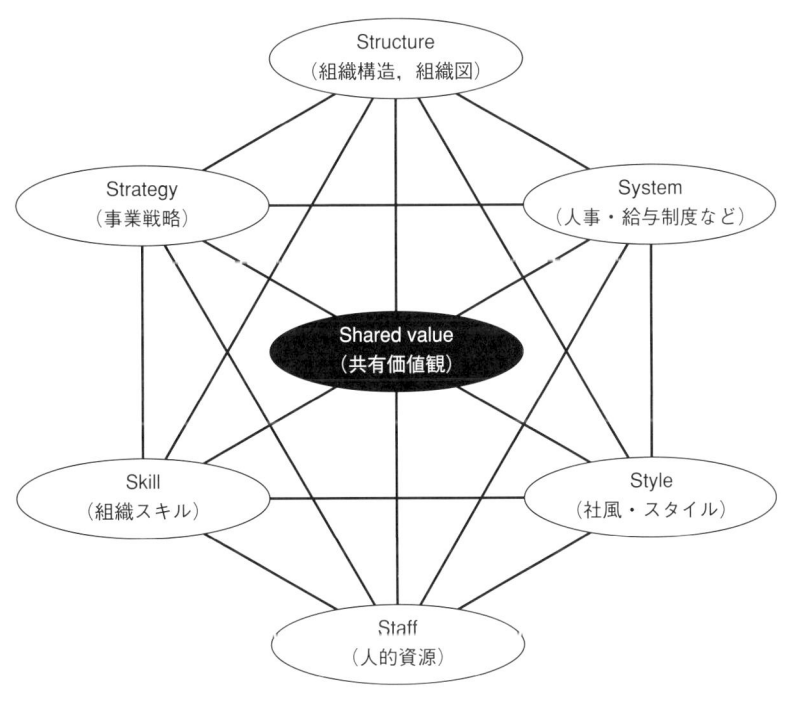

図2 ● 7Sフレームワーク

Systemは人事制度や成果発表のルールなどのしくみを意味する．Skill（技術）はテクノロジーや手技，Staffは人的資産，Styleは仕事の進め方の様式，風土文化を指している．

このフレームワークによれば，Shared valueとその他の6つの要素でおよそ組織は成り立っている．そして，これらの要素がどの程度うまく機能しており，相互に連携しているかを観察することにより，組織の特徴や課題を探り当てることができる．いわば組織の診断ツールであり，その組織が問題になった場合に，どこが問題になったのかを探したり，逆にいい組織だった場合には，どこがいいのかを探すために使うことができる．

ラボのマネジメントに課題がある場合は，紹介した事例を参考に，この7Sフレームワークを用いて自己診断してみることをすすめたい．

組織・プロセスの可視化・構造化

ライフサイエンス分野において研究プロジェクトが大規模化あるいは複雑化していくとすれば，時代やトレンドに追いつくために組織対応もより成熟したものに変えていかなければならない．そのときのキーワードは「可視化」である．今回インタビューしたラボは，方法やアプローチは異なるものの，いずれもこの「可視化」に対してかなりの努力を行っている．

「可視化」とは，先に説明した7Sの要素の各々を，できるだけわかりやすく，明示することである．身近な例を挙げれば，さまざまなしくみやプロセスを導入し，研究グループごとの縦割りをやめてグループ間を横通しにするのも，1つの有効な可視化である．ラボノートやプロトコールを整理して暗黙知を形式知に変えていくという取り組みはますます重要となる．とりわけ研究組織が大規模になり活動が複雑になってくると，互いが互いを理解することが難しくなるし，技術やノウハウの伝承にも支障をきたしてくる．事務スタッフやテクニシャンを配置して機能分化を図るうえでも，可視化は不可欠なのである．資金管理もその例外

ではない．競争的資金やマッチングファンドなどのさまざまな研究資金が流入してくる現状では，企業で通常行われているような予算管理やプロジェクトごとに切り分けた管理会計も必要となってくるだろう．

このような可視化をさらに推し進めていくと，組織課題の構造化につながってくる．問題解決の技法やプレゼンテーションの技法も，組織や研究プロジェクトが抱える課題を構造的に捉え，整理して他者に伝えることにほかならない．状況が可視化されることにより，問題や課題を見つけやすくなるばかりでなく，これらを整理したり再構成することでより本質的な問題や課題が特定でき，効率的なマネジメントができるようになる．

ちなみにこのような可視化は，研究者としてのキャリアを志す学生にとっても福音となるだろう．大学院以降の研究教育では，大学のブランドよりも志望するラボの特性をよく吟味することが重要なのである．

ラボの活動内容が充分に可視化され，その情報が充分に行きわたるようなしくみを設けることにより，志願者は志望する研究室を比較・検討することができるようになる．現にアメリカの多くの大学院では，博士前期課程の学生は特定の研究室に所属するのではなく，ローテーションなどの方法で，各研究室の活動内容やマネジメントの巧拙を比較する機会に恵まれている．人気のあるラボとそうでないラボの間でよい意味での競争原理が働き，そうでないラボは自ずと改善に努めることになる．ひるがえって日本をみると，限られた情報のもと，いわば「決め打ち」で入学・入室し，隣のラボの活動内容もわからず5年間を過ごしてしまうケースがまだ多いのではないかと思われる．大学院やラボの側はより一層の可視化と情報の流通に努めるべきだし，学生やポスドクの方々もそのような目で大学院やラボを評価する姿勢が求められるだろう．

オープン・コラボレーションの実践

最後に，いわゆる良いラボというのは外部とのコミュニケーション，コラボレーションが非常に巧みである点を指摘しておきたい．これは，

今回インタビューした4つのラボについてももちろんあてはまる．

　大学・研究機関や企業の違いを問わず，往々にして，日本の組織は外部とのコラボレーションが下手と言われている．これは単にコミュニケーション量が不足しているケースも多いが，どこまでをオープンにすれば自己と相手の双方の価値を最大化できるかという判断がうまくできていない点にあるのかもしれない．

　このような人間の行動様式は経営学の分野では「ゲーム理論」と呼ばれ，多くの研究がなされている．簡単に説明すれば，コミュニティーのなかのメンバーがお互いにやっていることを隠しあってしまうと，そもそも必要な情報を取得するためのコストが余計に上がってしまう．また，本来であれば避けるべき競争に没頭したり，人がすでにやっていることを繰り返しやってしまうことにより損失が増えるばかりでなく，本来すべきことができなくなるという機会損失も生まれてしまう．

　逆に，コミュニティーのメンバー全員が情報をある程度オープンにし，誰が何を行っているかという情報が大体つかめるようになれば，事前に有利不利や勝ち目を判断することも容易になる．何より，自分が本来専念すべき分野が明確になり，研究戦略も立てやすくなる．

　このようなオープン化によるイノベーションの促進は「オープン・イノベーション」などと呼ばれ，経営学の分野でも非常にホットなテーマである．これまではクローズド・イノベーション，すなわち技術や人材を囲い込み占有することで相手に対していかに勝つかという競争モデルが中心だった．ラボで閉じた世界であればそれでも構わないのだろうが，複雑化・多様化を遂げた現代のライフサイエンス研究では，思い切って解放してしまった方が，結果的に先に述べた囲い込みコストを下げることになり，イノベーションも起こりやすくなるだろう．

　以上は限られたケーススタディに基づく考察だが，1つの指針あるいは参考として，ラボの選択ひいては運営管理に役立てていただきたいと思う．

第4章
実録 バイオ博士人材の多様なキャリアパス

　ひたすら研究者としての成功を目指す…以外のキャリアを考えたことが誰にも一度くらいはあるだろう．本章では，バイオの研究者になるべくトレーニングを受けてきた方々が，さまざまなキャリアパスを歩んでいるという実例をインタビュー形式で紹介したい．
　科学にかかわる仕事の幅広さ，奥深さとともに，どのようにして次の道を開いていけばよいのかを，ここに挙げるいくつかの事例から読み取っていただければ幸いである．

第4章 実録 バイオ博士人材の多様なキャリアパス

1. 研究者としての自分が最も活躍できる場所を求めて

——加藤珠蘭 博士（武田薬品工業㈱）

はじめての就職活動…

三浦（以下 三）：どのようにして，入社されたのですか．

加藤（以下 加）：米国UCLAの研究室に在籍していた頃ですが，就職活動を始めようと，ウェブで思い当たる会社のホームページを調べたところ，数社で中途採用の道があることを知りました．タケダの場合は，募集分野と自分の専門が合っていたので，オンラインで応募しました．ほぼ同じような時期に，キャリアプランニングプログラムというジョブフェアがワシントンDCで開催されるという情報を得て，そちらからも応募して，本面接の前にタケダの研究環境や仕事の様子について逆インタビューするチャンスをいただきました．

もちろん，企業ばかりでなく，大学教員や公的研究機関の研究員の職も考え，情報を収集しましたが，私が探していた時期には募集が少なく，

武田薬品工業株式会社　医薬研究本部創薬第二研究所　主任研究員

加藤珠蘭（Juran Kato-Stankiewicz）

1994年国際基督教大学（ICU）教養学部卒業，1996年東京工業大学大学院生命理工学研究科修士課程修了，2000年同博士課程修了．大学院在学中から，母校ICUで非常勤助手を務め，2000年3月〜6月まで順天堂大学医学部で研究員．2000年7月〜2006年3月まで，UCLAにおいてポスドク，Assistant Researcherを経て，2006年4月から現職．

キャリアパス

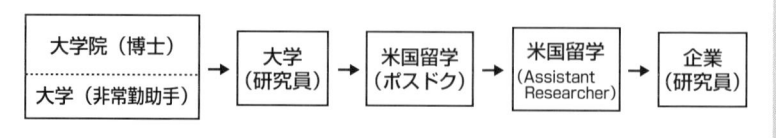

大学院（博士）／大学（非常勤助手）→ 大学（研究員）→ 米国留学（ポスドク）→ 米国留学（Assistant Researcher）→ 企業（研究員）

応募には至りませんでした．また，企業に関しても日本，米国を問わず応募し，電話でのインタビューも始めていました．2回目のポスドクの可能性も含め，研究職をいろいろと探しました．

　何しろ，就職活動というものをしたことがなかったので，思いつく限りの努力をしましたが，今振り返ってみると恥ずかしいこともあります．「人気のあるラボには，日に100通もの応募書類が山のように来るから，中身を読んでもらえるか否かは，カバーレター次第」と，ポスドクポジション探しをしていた頃に聞いていたので，きっとこの会社も同じに違いないだろうからと，送った書類を最後まで読んでもらいたくて，一生懸命カバーレターを書きました．その手紙が役に立ったのか立なかったのかはわかりませんが．

　三：何が採用のポイントになったと思いますか．

　加：タケダが求めている専門分野と，私がこれまで取り組んできた癌の分子標的薬の研究開発というテーマ，そしてこれからやりたいと考えているトピックが一致したという幸運に恵まれたことでしょうか．

　これは私の想像の域を出ませんが，研究職として採用される限り，大切なのは，年齢や性別，今まで企業の研究者だったかポスドクだったかなどということよりも，その人が研究者としてどのようなトレーニングを受け，経験を積み，どのような能力を培ってきたのかということではないでしょうか．

　今の日本全体の風潮として，もし，社会人経験がないまま30歳を過ぎているとか，ポスドクだということで採用を躊躇する傾向があるのだとしたら，私はラッキーだったということになりますね．でも，本当にそうなのでしょうか．実際に入社したタケダ以外に，日本の企業3社が，書類選考は通過したという連絡をくださいました．

すでに整備されている環境で研究できるという利点

　三：アカデミック・ポストにこだわりはなかったんですか．

　加：ありませんでした．大学教員になれば，研究だけというわけにはいかず，教育という責任を果たさなければなりません．まずは自分が何

をしたいのかということを念頭におきました．これまでやってきて，これからもやりたいと思っている分子標的薬の研究開発という分野は，企業の方がスムーズに仕事ができるのではないかと思いました．この分野は，1つのテーマを遂行するのに，いろいろなバックグラウンドをもつ人たち，例えば化学やバイオインフォマティクスなどを専門にしている研究者の力を借りなければできません．大学であれば，そういう他の領域の専門家を自分で探してきて，関係を築き上げ，マネジメントをしていかなければ道は開けません．でも，企業ならそういう仕事をする基盤，つまりさまざまな領域の専門家とコラボレートして，1つの計画を成し遂げるための環境はできあがっているので，自分はそういう基盤を活かして研究を進めていく方がいい仕事ができるのではないかと思いました．

現在，どのような体制になっているかを具体的に説明しますと，大きく分けて基盤研究と創薬研究があります．その各々でテーマごとに，化学や薬理学やその他さまざまな専門をもった研究者と彼らをサポートする技術者の方々が，いくつかの部署から集まってきて1つのチームを構成しています．上司は，複数のテーマにまたがってマネジメントをします．研究員一人一人に新規テーマを自分で提案して会議にかけるチャンスが与えられています．皆を説得できれば，そのテーマに沿った人選がなされて新たなチームが編成されます．また既存のテーマに途中から配属されることもあります．

もちろん，研究者サイドからみると思い入れのある研究テーマが，会社の方針で打ち切りになったり，よいプロファイルの薬が得られずやむなく断念することもあるでしょう．実際に，そういう例がいくつもあります．しかし，私の場合は，このテーマがダメだったら，次を探す．次がダメだったら，またその次と，一生懸命モノになる

テーマを探してチャレンジし続ければいいんだという気持ちの方が勝っていて，特に1つのテーマに対するこだわりはありません．まだしばらくは，私のなかでネタ切れになることはないでしょう．まあ，ネタが沢山あるとはいっても，私が思いつくようなことは世界のどこかで別の誰かも思いついているわけで，天才的なひらめきというのではないから，一生懸命勉強するしかないですよね．

大学にはないライセンスの問題とは

三：素晴らしい成果が出たとしても，特許の関係で，すぐにペーパーにできないような場合も出てきますよね．

加：特許をとるから発表するなといわれるような成果が出ればいいですよねえ（笑）．ライセンスの問題といえば，これは大学時代にはなかったことなのですが，試薬やキットを購入する際に，企業では，特許対象品を使うのであれば，ライセンス料を支払わなければならないといった縛りがあります．企業で使うのは，利益を生むためであって，いわゆる学術研究のためだけではないからですが，恥ずかしいことながら今までそういうことに気づきませんでした．

三：大学と企業との違いという面でほかには何かありますか．

加：例えば，新規研究テーマを提案することについて違いがあるのかと問われれば，大差ないのではないでしょうか．プロポーザルを示して，そのなかで，なぜその研究や薬が必要なのか，どのような競争のなかでどのように他社に勝っていくのか云々，有用性や優位性，新規性や独創性などをアピールして，関係者の賛同を得るという過程は，大学の先生が予算獲得のためにプロポーザルを書いて競争的資金に応募し採択されるという過程，米国であればそのプロポーザルは膨大な量になると思いますが，そういう過程に近いのではないでしょうか．

ペーパーワークに関して言うと，このひと月何をしたかという報告書，月報の提出を求められますので，それを書く作業があります．実はそれが入社以来つらくて…．やっと書き終わったと思っても，またすぐ翌月の提出準備をしなければならないので．仕事がここまでしか進んでいな

いことを認識するという意味でも，何度書き直して読み直してみても上手に書けていないという意味でも．文章を書くトレーニングだと思って頑張っていますが．

中途採用の研究者は珍しくない

三：大多数の方が新卒で入社されていると思うのですが，そういう方々のなかで戸惑うことはありますか．

加：実は，ここには，自分と同じような年代の中途採用の研究者，そのなかにはポスドク出身の人もいるので，自分だけが浮いているといった違和感はありませんでした．女性も少なくなく，子育てをしながら仕事をこなしていらっしゃる方もいます．

三：女性だからということで何か感じたことはありませんでしたか．日本は理系に進む女子学生が少ない，女性研究者が少ないことで際立ってしまっているのですが….

加：今までを注意深く振り返ってみても，男女の差で何かあったという経験はないです．研究者は他と比較して，男女の差が出ることが少ない職業ではないかと思います．

幼い頃から好奇心旺盛で，虫や自然が大好き．それでそのまま生物学をしてきたという感じもしますが，今から考えてみると，父親は機械が専門でしたし，亡くなった祖父も生物学者だったと聞いていますから，別段サイエンスを否定する環境にさらされなかったという幸運があって，自然が好きになり，研究者になろうという気持ちになれたのかもしれません．どっちか先なのかわかりませんが．

研究者になってからを考えると，日米を問わず，生き残っている女性研究者の先輩方というのは，「ピカいち」なんですよ．女性は「ピカいち」でないと生き残れなくて，男性はそうでなくても生き残れるというのなら，ちょっと残念ですね．

そういえば，大学院入試の面接の際にある先生から「結婚して出産したら研究はどうするのですか？」という質問を受けて答えに詰まったとき，すかさず上代先生（恩師：上代淑人教授）が「そういうことを聞い

たら，米国じゃレッドカードですよ」と，助け船を出してくださったことがありました．そのときは「ふうん」と思っただけでしたが，今考えてみると，思わずそういうことを聞いてしまうというか，聞かざるを得ない状況があるんでしょう，日本には．各国で社会的，文化的背景が違っていて，いろいろな事情があり，何ができるのか，どうすればよいのかという選択は違ってくるのかもしれません．

研究者としてやっていけると自信を得た米国経験

三：これまでのキャリアパス，そしてこれからについてお話ください．

加：大学在学中にすでに研究者を志望しており，ある程度のコミットメントがありました．入学した大学には修士課程までしかなかったので，当時の指導教官とも相談のうえ，博士課程のある大学院を受験しました．博士号を取得するまでに他人より1年ちょっと余計にかかってしまいましたが．博士号を取得した後，自分が研究者としてどこまでやれるのか，試してみたかったこともありポスドクになりました．米国での研究生活を通じて，自分の限界を理解しましたし，逆に「大丈夫，研究者としてやっていける」という自信も得ました．

米国と比較すると，日本の大学院生の方が研究に専念している感じを受けます．良し悪しは別として，米国の院生は，研究は彼らの人生の一部であって，そのほかにもいろいろな側面をもっているという印象です．研究そのものの質については，変わりはないと思います．研究環境面での違いといえば，米国でお世話になったFuyuのラボ（玉野井冬彦教授）は，外とのコラボレーションが盛んで，物理学や医学，化学など違う分野の人たちとの交流を頻繁に行い，そこから新たなことにチャレンジするという風土がありました．そういう身軽さがあったというか自由度が高かったように思います．もっとも，ボスがそれを支えるファンディングを得ることと，マネジメントに秀でていたこともあります．

大学院生，ポスドク時代を振り返ってみて，私と自分の直接の指導教官との関係に違いを感じることはありませんでしたが，研究室外の先生方との関係はかなり違いました．米国では，学会に行った際に，ビック

リするような偉い先生と昼食を同席しサイエンスの話ができる機会がありましたし，普段でも外の先生と気軽に議論ができましたが，日本ではあまりなかったような気がします．

　会社に入り，さまざまな部署の人たちとコミュニケートする機会もあり，大学ではできなかったような多角的なアプローチが可能になってきています．ぜひそういう環境を活かした，幅のある研究にチャレンジしていきたいです．ただ，自分で手を動かして研究をするということにこだわりがあるわけではないので，自分を最大限に活かせる部署があれば，研究以外の仕事でも構わないと考えています．それは，上司が判断することでしょうから，当分の間は，研究で成果を出すことを求められているし，それに集中したいと思います．

　三：以前の生活と今とでは何が違いますか．

　加：今も昔も研究中心の生活ですので，基本的には変わりありません．敢えて変わったところを言うとすれば，大学院時代は365日24時間，土日もなく，研究室に通う勢いでした．私ばかりでなく周囲の皆も，研究のことで頭がいっぱいで議論が絶えることがなく，研究室にいる時間も長くなるというのが普通でした．今は，健康管理にも気を配るようになりました．オンとオフのめりはりをつけて常にベストコンディションで研究に取り組むことが大切と考えるようになりました．ですから，以前ほど研究室に居続けることはなくなりました．その分，少しゆとりができて趣味やスポーツに使う時間が増えました．

　スポーツといえば，研究所の敷地内にテニスコート等があって，若い男性などは，昼食を10分ほどで済ませた後，テニス，野球，フットサルに燃えています．そういう姿を眺めながら，健康的だなあと思ったりします．

評価について

　三：会社に属する人間として，昇進や給与，さらにはそれに影響すると思われる評価について，何か思うことはありますか．御社は，成果主義だということを別の部署の管理職の方に伺ったこともありますが….

　加：まだ入社歴が浅く「昇進」や「給与」といわれてもピンと来ませ

ん．それよりもまず任された仕事をうまく進めたい，いい薬を出したいという気持ちが今の自分のなかでは大きいです．

　入社説明会での給与体系の話を聞く限り，業績があれば評価するということなので，それはよいことだと思います．その一方で，研究というのは，運，不運もありますし，また，一人の力では到底できないものです．自分の担当以外でも皆が力を合わせる必要があり，そういうコラボレーションのなかで新たなアイデアが生まれるという側面もあるはずです．だから，評価に直結する自分の仕事を効率的に進めようとするあまり，そういう協力をおろそかにすることがないよう気をつけなければいけないし，そのバランスをうまく取っていけるように，評価する側も細心の注意を払う必要があると思います．

　三：最後に，これから研究者を目指す若い人たちに向かってメッセージをいただけますか．ご自身が研究者として心がけていることなどでも結構ですが．

　加：インタビューを受けると聞いて，さて何を言おうかなと考えていたときに思い浮かんだことなのですが，7つの海（Seven Seas）にひっかけてSeven "C"s（笑）．まずは，研究の原動力となる好奇心（Curiosity）をもって，やり遂げるという決意を固めつつ（Commitment）チャレンジ（Challenge）し，チャンス（Chance）を逃さないこと．コミュニケーション（Communication）を怠らず，よい協力関係（Collaboration）を築いていくこと．そして，これらのことを継続すること（Continuance）です．これら7つの"C"をこれまでも心がけてきましたし，これからも心がけたいと思います．

~インタビューを終えて~

一生懸命書いたというカバーレターの写しをいただきました．まずは熱意が感じられる内容で，研究経歴の紹介のほかに指導力，語学力を備え，そして何より研究面での活躍の様子が記されています．恥ずかしいと言いつつ，この写しをくださった加藤さんの心配りに，企業が求める人材像を見たような気がしました．

（聞き手：三浦有紀子）

第4章　実録　バイオ博士人材の多様なキャリアパス

2. アンテナを広く張って　チャンスを逃さない努力を

――濱田光浩 博士（特許庁）

特許審査官（任期付）とは

三浦（以下 三）：まず，現在のポジションについて教えてください．

濱田（以下 濱）：私は，5年の任期である任期付職員であり，特許審査官です．入庁直後の2年間で，審査官の補助をしながら実務経験を積み，所定の研修を修了して，3年目に審査官になりました．特許審査官としての業務は，自分の専門分野に関連した特許出願に対し，特許権を付与するか否かの判断をし，その理由を科学的・法律的な見地から明確に説明することです．

5年の任期を全うすると，弁理士試験の一部科目が免除されます．さらに再採用され，任期が5年延長されると，10年目に弁理士資格を取得できます．この任期付職員は，平成16年度から毎年約100名が採用されています．応募資格は，学士号（文系でも可）を取得したのち，企業や研究機関・大学，特許事務所等で研究開発業務あるいは知的財産業務の経験を通算4年以上有していることです．大学での研究開発業務経験に

特許庁特許審査第三部　生命工学　特許審査官（経済産業技官）
濱田光浩（Mitsuhiro Hamada）

1992年筑波大学第二学群生物学類卒業，1998年東京工業大学大学院博士課程生命理工学研究科バイオサイエンス専攻修了〔博士（理学）〕．1998〜2001年米国NIHでポスドク．2001年埼玉医科大学助手，2003年東京大学新領域創成科学研究科先端生命科学専攻特任助手等を経て，2005年特許審査官補．2007年より特許審査官．

キャリアパス

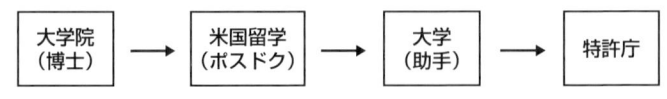

大学院（博士） → 米国留学（ポスドク） → 大学（助手） → 特許庁

は，修士や博士課程の在学経験も含まれます．

三：前職は大学の助手でいらしたわけですが，どのようないきさつで転職されたのですか．

濱：助手といっても，任期が決まっていたので，ポスドクのようなものでした．年齢的にも次のステップアップを考えなければならない時期にさしかかり，家族の状況，自分自身のこと，望むような研究ポストを獲得できる可能性など，いろいろと考えた結果です．知的財産分野や弁理士という仕事については，博士号を取得した頃から漠然と興味があって，一般的な情報は得ていました．自分のやっていた研究は，実用化とは程遠い基礎研究だったのですが，そんな分野でも特許出願をしている事例を見聞きし，特許の世界を身近に感じるようになったのです．特許庁がこのような形で職員募集を開始することを新聞報道で知り，実際の募集がいつ始まるのか気にしていたので，よいタイミングで応募することができました．

どうして研究をやめたのか，あきらめたのかと問われたら，ネガティブな答えになってしまいますが，運，才能，努力…いろんな要素があって，研究者であり続けるには，これから先ますます無理が生じるだろうと感じたことが1つです．教授の下，与えられたテーマで研究を行うなら充分やっていけたでしょうが，研究室を構えて何人もの学生の面倒を見て…と考えたら，やっていけるのかどうか．そんなふうに不安を感じる一方で，自然科学の専門知識があれば，法律の知識がなくても一から研修してくれて，将来的には弁理士資格を取得でき，その間給料をもらいながら実務経験を積めるチャンスがあると知りました．どちらにしようか考えて，こちらになったということです．

研究職以外の職も探してみようと思った当時，転職支援会社に行ってすぐ登録したのですが，技術営業であるとか，その気になれば結構，職があるものなんだと感じて，少し余裕をもって考えられるようになりました．今，ポスドクの人たちが職がなくて困っているという話をよく聞きますが，アカデミックポスト以外の就職を考えて，具体的に行動を起こしていないのではないかなと思うんですね．

アンテナを広く張っておこう

三：博士号を取得したことは，役に立っていますか．

濱：弁理士や特許審査官になるのに，博士号は必要ありません．しかし，この仕事も高度な専門性や論理的な思考の組み立てが求められるということを考えれば，研究経験は重要です．審査する対象は，体裁こそ特許出願のための書類ですが，中身は，自分がこれまで数多く接してきた研究論文と同様で，特許権を付与する価値があるか否かの理由を組み立てる材料も主に論文です．数多くの論文を読み込んで論理立てすることは，普通に研究論文を作成する過程と同じですから．ただ，自分の書いた文章で他人を納得させなければならないという点では，まだまだ精進する必要がありますね．まだ審査官補だった頃，指導審査官に見てもらったら，自分の書いた箇所がわからなくなるぐらい書き直されて返ってきたこともありました．

役に立っているかどうか…というか，博士号に縛られるのは，よくないと思いますよ．学位も資格の一種だと考えた方がいい．確かに取得するために費やした時間や労力を考えれば，非常に重いものです．しかし，それに捕らわれすぎると自分の可能性を狭めることになります．博士号そのものは，役に立っていないかもしれませんが，取得する過程で得られた能力は役に立っていますから．それを活かすためには，いつもアンテナを広く張って，自分にとって有益な情報を逃さない努力は必要でしょう．

三：少し，過去のことを伺いたい

のですが，博士課程に進学した動機といつ頃それを決意したのかということを教えてください．

濱：小さい頃から研究者志望でした．知的な刺激に触れるたび，どんどん思いは強くなって，高校入学時には，生物学の研究をやるのだと決めていました．研究者になるためには，大学院に行って学位を取得する必要があると思っていたので，何のためらいもなく，博士課程に進学しました．博士課程入学までの各段階で，違う選択肢も当然あったわけですが，全く考えませんでした．学位を取得したら，どこかの助手になって，助手になれたらいつかは教授になれるだろうと単純に考えていましたね．

危機意識というものが芽生えたのは，博士課程も終盤にさしかかり，少し上の先輩方の動向などが気になりだした頃です．学位を取得してもすぐに安定したポジションを得られるわけではない．実際には，博士課程修了後すぐにNIHのポスドクになって，研究者を目指す方向で活動していましたが，ポスドクになった後は，それまでと違い，研究者ではない自分のこともいろいろと考え始めていました．主に，研究が行き詰ったときに，ですが．研究がうまく軌道に乗ったり，次のポジションが見つかったりすると，自然に忘れてしまい，また何かきっかけがあるとそういうことを考え始める，といったことの繰り返しでした．

自分の人生は，自分で選択すべき

三：小さい頃からの夢だった「研究」の仕事を断念するというのも，つらい決断だった？

濱：う〜ん．研究に対する思い入れはかなりあったと思います．ただ，自分のやっている研究がどんなふうに役に立つのだろうか，どうすれば役に立つのだろうかということは，学生の頃から疑問に感じることはあって，いろんな先生に聞いてみたりしましたが，なかなか納得のいく答えが見つからない．まあ，基礎研究をするなら，役に立っているかどうかなんていう通俗的な評価を超越した学術的に価値のある研究をすべきだし，それができないならすっぱりやめた方がいいとは思っていました．

実際に手を動かして研究することに満足感を得ているのではなくて，興味をもった事象を突き詰めていくことにやりがいを感じていたので．それでも，今まで研究をすることで培った専門性まで完全に捨てるのは惜しいじゃないですか．そう考えて行き着いたのが，今の仕事です．自分の専門性を背景に，ある研究成果を評価する．評価したという事実は，特許権の付与という形になり，その研究の価値を高め，可能性を広げることになる．それは，自分が特許審査という仕事を通して世の中の役に立っていると感じることでもあり，仕事をしていくうえでは重要なことだと思います．

　今はこうして平然と話していますが，就職活動の最中は，葛藤の繰り返しです．特許庁へ行くかどうか迷っていた時期に，NIHのときのボスがたまたま来日していて，話を聞いてくれたのですが，そのとき彼に言われたのは，「研究をやめたら誰かががっかりするからとか，そんなことは気にする必要はない．自分の人生なのだから，自分がよいと思う選択をすべきだ」ということでした．自分が研究者になるために世話になった人からの言葉によって，随分気持ちは楽になりました．

三：「研究者になるために世話になった人」という言葉が出てきましたが，振り返ってみて，ご自身が大学や大学院で受けてきた教育に何か改善点などを提案するとすれば，どんなことを言いたいですか．

濱：今，こういう仕事をしているからそう思うのかもしれませんが，大学の講義で知的財産に関する知識を教えた方がいいのではないかという気がします．大学の先生でも特許とは無関係でいられない，ましてや企業の研究開発職ならなおさらです．どういう成果が特許につながるのかということがわかっていれば，相応の戦略も立てられるし，そういう知識があれば絶対有利です．私が学生だったのは，もう随分前のことですから，今は教えているのかもしれませんが．

三：さて，質問を現在のことに戻しますが，特許庁という"役所"に入られて，随分生活も変化しましたか．

濱：今は，土日は完全に休んでいますし，始業時間は自分で選択できるので，8時45分の少し前に登庁し，夜7時か8時に帰るという生活を

しています．助手だった頃は，本当に気が休まる暇がないというか．際限なく仕事をし続けている感じでした．細胞の世話があるから土日も出なきゃいけないし，実験の待ち時間に休憩をしながら，後もう少しやっておこうとか考えたら，どんどん遅くなって…．

三：じゃあ，今は朝がつらいんじゃないですか．

濱：いえ，院生の頃は，朝10時でよかったのですが，ポスドクとして給料を貰い始めた当時から，朝9時には出勤していました．別にそんな義務はなかったのですが，やはり給料を貰う身として，まともな時間に出勤すべきと考えて自主的にそうしていました．生活パターンから考えると，随分楽になった印象があります．助手の頃，私は朝9時に来ていましたが，夜遅くまで実験している大学院生だと，10時に来るのも大変でしょうけどね．

任期付任用は，機能していると思う

三：ご自身の研究者としてのキャリアの最後は，特任助手ということですが，今，日本では「任期付任用制」が一般的になってきていて，そろそろそのシステム自体の評価もすべきではないかと思うのですが，その点はどのように感じられますか．

濱：程よくふるいにかけるという意味なら，結構，機能していると思います．今までなら，助手（助教）になったらそのまま大学にいることができ，あまり厳密な審査もなく昇進していった例もあったでしょうが，今はちゃんと審査され，実力が評価された人が准教授などになっているような気がします．ごくたまに，「えっ!?　どうしてあの人が」というような例もあって，それが就職で苦労しているポスドクの不満のもとにもなっているのでしょうが，全体的にはレベルアップされているのではないかと思います．

三：今後のキャリアプランについて教えてください．

濱：現職の任期は最大10年なので，まだ模索中というのが正直なところです．弁理士として特許事務所に入るのか，企業の知財部や大学のTLOなどでポジションを得るのか，いくつか考えられますが，この数年

に専門分野は各々違うけれど，毎年100名程度の自分と同じような条件の人たちが採用されていることを考えれば，なかなか簡単にはいかないでしょう．まずは，弁理士として生きていくためのスキルを磨くこと，特に，専門知識以外の法律や経営の知識を蓄えることが大事だと思っています．

自分自身で納得したうえで

三：最後に，研究職以外の職種にチャレンジしようと思っている人にアドバイスをいただけますか．

濱：志望動機については，もちろん突っ込まれます．研究では喰っていけないから…といったネガティブな気持ちをもったままにせず，どうしてこの仕事に携わりたいのかということを自分自身で納得し，それをきちんと説明できるようになってください．採用云々以前に，そうすることが自分にとって非常に大事なことだと思います．

〜インタビューを終えて〜

このインタビューの後いろいろなところで聞いたのは，知財関連業務に携わる人でバイオのバックグラウンドを有する方は意外なほど少ないということでした．業界の方によると，これまでは化学出身の方がバイオの分野も兼任して何とか凌いできたという感があるとのこと．ぜひ，濱田さんのような方に頑張っていただきたいと思います．

（聞き手：三浦有紀子）

3. 本質を突き詰める―研究するのと同じ気持ちで取り組む

― 丸　幸弘 博士 (㈱リバネス)

自分たちが巣立つ場所をつくりたかった

三浦（以下 三）：若い人のなかには，何かやってみたいといろいろ考えている人もいるんですが，なかなか一歩が踏み出せない．丸さんがその一歩を踏み出せたのはどうしてでしょうか．

丸（以下 丸）：研究だったらすぐにあきらめたりしないのに，新しいことに挑戦しようとする人に対して簡単に無理だと言ってしまうのはなぜなんでしょうね．

　キャリアの多様化というとアカデミアを去るというネガティブなイメージで捉えられがちですが，今の若い人はそんなふうには思っていません．そんな狭い範囲での捉え方ではなく，博士まで取得した人たちは，学術界を盛り上げるために何かやってみようと考えて，いろんなことに挑戦するんです．好きでここまでやってきたんですから，学術界に対してそんな簡単に背を向けたりはしません．

　われわれの世代が抱えた問題って，なかなか上の世代の方々には実感

株式会社リバネス　代表取締役

丸　幸弘 (Yukihiro Maru)

2001年東京薬科大学卒業，2006年東京大学大学院農学生命科学研究科応用生命工学専攻博士課程修了，博士（農学）．修士課程在学時の2002年，バイオ教育ベンチャー有限会社リバネスを15名の理工系大学生，大学院生とともに設立．

キャリアパス

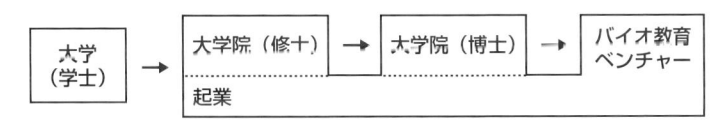

大学（学士） → 大学院（修士） → 大学院（博士） → バイオ教育ベンチャー
　　　　　　　　　　　起業

としてわかってもらえないでしょう．就職氷河期，理科離れ，ねつ造問題，ポスドク問題etc. いろんなことに次々と直面した．今，そういった問題の渦中にいるわれわれの誰かがリーダーシップを取って解決への糸口を見つけなければならない．「やつらはヤバいんじゃないのか」と思った当事者以外の人たちから，あれこれ言われても何も解決しないんです．やっぱり，自分たちの手で何かやらねばと強く思い，内側からうねりを出そうと大学院在学時代から模索してきたわけです．

社名の由来はLeave a Nest（巣立ち）です．それはあたかも出前授業に参加してくれた小，中，高校の子どもたちを巣立たせるという意味だと思われるかもしれませんが，それだけではないんですよ．自分たちが巣立つ場所を自分たちでつくっていこうという意味なんです．

キャリア・デベロップメントとは

丸：研究キャリアと言ってしまうと，あたかも大学に残っていることが一番素晴らしいことだという凝り固まった考えが先行しがちですが，そんな考え方を少し見直して，本当の研究キャリアについて考えよう，自分の居場所を最善の形で見つけようというのが，われわれが発行している研究キャリア応援マガジン『incu-be（インキュビー）』です．そこでは，大学や企業の研究者を取り上げていますが，彼らのこれまでの軌跡を追うことでどんなふうに就職したのかといった実例を見てもらおうというのが1つ，さらに研究キャリアをデベロップメント，すなわち発展させることの実例を見てもらおうという意図もあります．

キャリア・チェンジというと研究から完全に退くイメージがありますが，キャリア・デベロップメントは，これまでの研究経験を発展させた先のキャリアのことを言います．例えば記者になったとして，経済記事を書くにしてもきっと最先端の技術を背景に書きたくなるはずです．それはすでに自分の科学のバックグラウンドを活かしていることになる．そんなふうにキャリア・デベロップメントができるよう，この雑誌を利用してもらえたらいいと思います．

キャリアに関する情報を入手するということについて，大学院生だと，たとえ所属の大学にキャリア・センターなどがあってもなかなか行きにくいじゃないですか．そういう人たちの目に届くように，大学の研究室にまで直接届けるのが重要だと考えています．2万部発行していますが，届け先は掲載されているクライアントの要望に対応しています．そこまでがサービスに含まれているので，クライアントにとってもかなり効率よく情報を配信できることになります．ただのフリーペーパーではなく，ニーズのある読み手に確実に届けるというところまできちんとやっています．

キャリアを考える際に意識変革は必要

丸：私から同世代や次世代の人たちへは「ドクターまで行くのなら腹をくくれ」と言いたいですね．研究は本当に楽しい．楽しいことをやって研究の力をつけて大学院の5年間を過ごしたのだから，次は働くということはどういうことなのかを意識しましょうと言いたい．働くというのは，誰かにサービスを提供してその対価を得ることなんですよ．研究者として生きていくとしても，自分が好きでやってきた研究をそのまま延長することではありません．

アカデミアに残って研究していく場合でも，その研究が誰に対してのサービスなのか考えたうえでやっていかなくてはならないと思います．国に対してなのか，共同研究先の企業なのか，あるいは教育界なのか．自分の研究成果は次世代が使う教科書に載るんだとか，自分がやっていることがその対価を得ることにどのようにつながっていくのかというこ

とを意識しなければやっていけません．大学にいて，その活動に必要なお金は国から流れてくるのが当たり前なんていう考え方はもう通用しないのです．それは企業にいようが大学にいようが同じでしょう．キャリアを考えるにあたって，そういう意識変革は必要です．

　実は，そういうことを意図した講義をサービスとして大学に提供しています．私がまず大枠の話をした後，その大学の卒業生でドクター取得後のキャリアを歩みつつある人や，ドクターを取得してさまざまな場所で活躍している人に登場してもらってパネルディスカッションをします．パネリストはだいたい30歳代で学生にとって身近な存在です．キャリアに関する講演会というと，すでに大成功を収めた人の話が多くなってしまいますが，そういう人の話を聞いてもそこで話が完結してしまいがちですよね．その後どうやって自分たちの身に置き換えるのかというところにまで行き着かない．それではあまり意味がありません．

　学生にとって身近な存在として感じられる人，例えば企業で研究開発をやっている30歳代の人にだったら，講演の後メールアドレスをもらって連絡してみようと思うんです．これが，企業の相談役なんかだったらハードルが高くてやれないでしょう．もちろん，こういう偉い人の話は深いし，正しい．われわれのような者はもしかしたら間違ったことを話しているかもしれない．でも，聞いている学生さんたちのモチベーションを上げるという点ではケタ違いに効果が出ます．

自分で行動を起こすことが重要

丸：モチベーションが上がり，行動に移そうという人たちに向けて，プレゼンテーション，コミュニケーション，ライティングマネジメント，リーダーシップ等，基本的に今後社会に出て必要とされる能力を養う研修プログラムをキャリアディスカバリーセミナー（Career Discovery Seminar）と称して提供しています．さらに，企業とのマッチングイベントも行って，企業の人事担当と1対1で話す機会をつくっています．企業にブースを出してもらうような大規模なものではなく，こじんまりと大学院生やポスドク50名くらいの規模でやります．一人一人とじっ

くり向き合う時間をもてるので企業の方には好評です．ベンチャー企業の場合，高額をかけて大規模なイベントに参加しても大企業に人材をもっていかれてしまうのですが，このセミナーだと確実に1～2名いい人に巡り合えると言っていただけます．

　このような循環で重要なのは，自分で行動を起こすことです．雑誌に目を通し，あるいはイベントに参加し，何かやってみようと思ったところで，セミナーに出てトレーニングをする．そして，マッチングの場で自分を試す．今言ってきたことはすべて，大学院生であった自分が必要と感じたもので，こんなのがあったらいいのにという発想でつくってきたものです．何か行動を起こしたいと思ったときに，じゃあどうすればいいんだという疑問に答えられるものなのです．おかげさまで，セミナーはいつも満席状態です．参加者は，ここでトレーニングをしてからマッチングイベントに参加するので成功率も高くなります．もちろん，こういうセミナーを大学でも提供していきますが，ぜひ何らかの形で大学の中でもトレーニングすることをおすすめします．

　私にとっては，イベントを行うことで同世代間のネットワークの広がりを得ることができるので，そのつながりを活かして次のビジネスに展開することができます．現在，当社では7事業部（教育，教材，人材，研究，農林水産，プロモーションおよびコンサルティング）を抱えるまでになりました．最近，かなりの投資をして南千住に研究所をつくったんです．ようやく自分のラボが手に入りました．

研究とはイノベーティブなもの

丸：博士課程に在学中，たいていの人と同じように，アカデミアに残るのか別の道を選択するのかということは考えました．そのときに引っかかったのは，私にとっての研究という概念がアカデミアの研究者の姿とは少し違うことでした．仕事をしてそれを論文にして発表する．その行為をいかに継続してこれたかが評価される世界は，自分の目指すものと違うと思いました．研究とはあくまでもイノベーティブなものであって，それによって何かが大幅にシフトする，がらっと変革するという要

素であり，論文がポンポン出せるようなものではないんです．一生に一度出せるか出せないか，じっとこらえてようやくドンと出せるものだと思いましたから，論文をこまめに出すことを要求される大学よりは独自型でいけるような企業の研究スタイルに近いのかなという気はしていました．

　将来を考えたときに自分のラボがほしかったので，敢えて自分で会社をつくり，ラボをもつ選択肢を選びました．それで在学中に会社を興して稼げるしくみをつくっておいて5年以内にラボをもつという目標を掲げ，その目標を達成したというわけです．自分たちで稼いだお金で研究室に必要な備品も揃えましたから，自慢したくなるんです（笑）．実際の研究は専属のスタッフにお任せしていますが，彼らと一緒に研究の構想を考えるのは楽しいです〔ちょっとした教授気分です（笑）〕．

　社員は29名，うち常勤が18名，ほか非常勤です．彼らは自然科学系の博士，修士号をもっています．そのほか，他業種から引き抜いた人も若干います．2008年度も博士の新卒を5名採用しました．

　先ほど言ったキャリアディスカバリーセミナーにはサイエンスブリッジライター講座もあり，そこの修了生には高校生向けサイエンス雑誌『サムワン（someone）』に記事を書いてもらっています．見てもらえばわかるのですが，各記事にライターの名前が出ています．彼らはまだ大学院生ですが，ライター講座で養うべき能力が身についた証として，掲載した記事には原稿料を支払います．『someone』もしくは『incu-be』に記事が掲載されることがこの講座の最終試験なのです．いい記事を書ける人には繰り返し依頼をしますし，この能力を買われて出版や教育関係に就職していく人が何人も出ています．学生にとっては，原稿料が入るという以外に，記事を書くために大学や企業の研究者から話を聞いたりすることでその研究や業界の動向がわかったり，インタビューすることあるいはそれを記事に起こすことを経験できるというメリットもあります．

　うちの研修プログラムはほとんど無料で提供しています．日曜に場所を開けてあるから自分をきたえたい人はいつでも来いという感じです．

そこで能力を身につけてほしい，能力が身についたら仕事も依頼するし，対価も支払うよと．まさしく，このリバネスという会社は「巣立ち」を応援する場所なのです．

この研修プログラムを維持するのに年間1,200万円使っていますが，目先のことだけをいえばそのリターンはありません．能力を上げた人は，ほとんど大企業に行っちゃいますからね．でも，細々とでもこれを続けていけば10年くらい経って何かしらのリターンは必ずありますよ．

21世紀型のビジネスモデルとは

丸：20世紀は「搾取型のビジネスモデル」が成り立った．どこかに行って資源を掘り当て，それを搾取すれば済んでいた．しかしそれではすぐに底が尽きてしまいます．21世紀は循環型のビジネスというか，持続可能なモデルであることが不可欠です．この循環型のビジネスをやるためには，かかわっている誰しもにとって有益であることを理解してもらわなければ始められませんから，コミュニケーションが必要です．例えば，日本の投資家は多くが文系の人なので，難しいと思われがちなサイエンスをわかりやすく伝えることができなければ，技術の価値を理解させることはできません．彼らにとって有益であることを理解してもらえなければ，投資を受けて事業化することもできなくなってしまいます．それではいつまで経っても持続型のビジネスをつくり出すことはできません．だからわれわれはコミュニケーションを円滑化し，新しい事業を生み出す人材を「サイエンス・コミュニケーター」と定義し，育成しているのです．

最近ではいろいろなところで，サイエンス・コミュニケーターという言葉が使われ始めていますが，その多くが「科学教育を仕事にする人」というふうに認識されています．でも，私たちが考えるサイエンス・コミュニケーターは，科学館などにいて来館者に説明するような立場の人ではありません．コミュニケーターという仕事があるのではなくて，コミュニケーションができる人というのはどんなところへ行っても仕事があると考えるほうがいいですね．もちろん，サイエンスを柱にしている

ことが前提ですが，サイエンスのバックグラウンドとコミュニケーション能力，この2つをもつ人材がもっと社会で活躍していけば，21世紀を担う持続型ビジネスをつくることができると思います．

新しい，面白い，から広げていく

三：ビジネスとして「次はこんなことをやってみよう」と思われる原動力は何ですか．そういうエネルギーはどこから湧いてくるのですか．

丸：私自身がエネルギーをもっているというわけではありません．どんな研究者にもある意識「今まで誰もやっていない」ということにはこだわります．うちの会議では，誰かが出した企画書に"まずダメ出しする"というのは禁止しているんです．「それ，面白いね」から入ってどこがどういうふうに面白いのかを提案者に説明してもらいます．その際に必ず聞くのが，「何が新しいの？」ということです．提案者自身が「何が新しいのか」を説明できない場合は，内容がよくても提案のやり直しを要求されます．どう新しいのかを説明するためには関連情報を充分に調査する必要がありますから，そのやりとりの繰り返しのなかでいいものに仕上がっていくのです．それから，「面白いかどうか」を徹底的に追求します．新しい，面白い，その次にやはり採算性はチェックしなければなりません．儲かるかではなくて，赤字を出さなければいいんです．マイナスにはならないビジネスを育てて収益を上げられるようにするのがわれわれの仕事です．

企画が全社に回ってブレインストーミングが始まる．新しい，面白いときて，こうすればもっとよくなるとか，こちらの企画と合体させたら収益が上がるとかみんなの意見を出し合う．一人でやっていたらここまではやれません．こういうプロセスは非常に楽しいものです．研究と何ら変わらないと思いますよ．私はいわゆるビジネス書というものを読むことはほとんどありません．今までずっと科学研究のポリシーに則って仕事をしてきました．

私と私の恩師である東京薬科大学の都筑幹夫教授とのやりとりがこんな感じでした．「君は何がやりたいんだね？」「砂漠の緑化です．」「緑化

をやっているところを見たことある？」「ないです．」「緑化ってどうやったらできると思う？」「木を植えればいいと思います．」「君は木を植えたことがある？」「ないです．」「じゃ，君は成功しないね．」そう言われて，「何だ？この先生．」と思いましたが，そこが始まりだったんです．いったん引き下がって一生懸命調べるわけです．そして，「君，また来たけど何かわかった？」って言われて，説明を始める．それでまた行き詰ったらまた出直す．こういうやりとりが自分を強くしてくれました．本質を見なければ何もできないということがわかったんです．

　たくさんの言葉が氾濫し，何でも急務だ急務だと騒いでいるけど，本質的な問題は何なのかを誰も説明できないなんてことは世の中にたくさんあるわけですが，そういうことに踊らされていては何もできない．ビジネスは常に具体的でなければならないんです．それは科学研究も同じだと思います．ただの勉強と学問の違い，問いに対して学ぶという「学問」に気づいたのはこのときでした．

　大学院のときの恩師も，ある意味似たようなタイプの先生でした．学生に対して完全な放置主義でしたね．先生の方から何か言ってくるなんてことは全くなく，学生の方から何か言ってこない限り対話は始まらないんです．地道にやっていくタイプの研究者は育たないと思いますが，何か大きなことをやりそうな人が育つ環境でした．私もとてもいい先生に出会えたと思っています．そう考えると，キャリアパスの第一歩は，いい先生に巡り合うことだと思います．

　われわれが発行している『someone』や『incu-be』という雑誌には，先生方の哲学というか研究や教育に対する姿勢が出るような取材をして，記事を掲載しています．どうやって先生を選んだらいいのかというところでお手伝いをしたいと思っています．われわれ自身が，大学のオープンキャンパスをお手伝いしたりしながら，いい先生に巡り合うための努力をし，そのなかから先生方をこういった形で皆さんに紹介しているのです．

1日24時間の使い方

三：大学院生のときに起業されたわけですが，その当時はどうやって学業と仕事を両立していたんですか．

丸：1日24時間を3つに分けて，8時間研究して，8時間仕事して，8時間遊んだり休んだりするというふうに決めていました．高校のときには皆，学校に行って，部活やって，バイトして…という感じで時間をやりくりしていたじゃないですか．それと同じです．なぜか大学院に入ってしまうと，研究しかしないでダラーっとラボにいてやっているふりをしちゃうんですよね．

社会に出れば，労働時間は決まっています．土日は休まなきゃいけません．だから「月曜から金曜まで8時間しっかりやって結果を出します」と，論理的に説明してわからない先生なんているはずないのです．コソコソやっていたわけではなくて，先生に時間の使い方をちゃんと説明していました．先生の方でもゼミに出て，結果を出して，何かあったら相談に来ているからいいんじゃないのかって感じで受け入れてくれていました．

重要なのはタイムマネジメントですね．時間の使い方と使った結果について真剣に考えることです．1時間ボーっとしていたら，それは1時間使ったことにはならないんです．でも今の日本で，同じ仕事を1時間で済ませられる人と10時間かかってしまう人とどっちが得かと考えたら，10時間かかって残業手当を受け取る人のほうなんです．大学でも同じことが起こっていて，長々と研究室に張りついている人の方が真面目で仕事も一生懸命やっていると思われている．それはおかしいですよね．おかしいと思うからこそ，自分のなかで時間を決めてやり遂げていこうと考えて行動しました．じゃあ，8時間で結果を出せるならその倍の時間をかけたら倍の結果が出せるんじゃないのかと言われたら，確かにそうかもしれません．でも，それは私のやり方ではない．正直なところ，実験がうまくいかなくてちょくちょく土日に研究室に行っていましたが，極力8時間以上はしない，この8時間で最大の成果を出すという原

則に従おうとしていました．今日1日で何ができたかが言えるようにする．その1日1日の積み重ねが1週間であり，1カ月であり，1年なんです．仕事もする，研究もする，もちろん遊びもする．できないと言っている限り何もできないでしょう．できないと言っている人たちは，本当はやりたくないんじゃないかなと思ってしまいますよ．

　そうは言っても，うちの会社のメンバーも皆，元々大学の研究室にいたときの癖が染みついちゃっているからなかなか直らないですね．傍で見ていて，仕事をしているのか遊んでいるのかわからない状態で時間を過ごしている．編集作業等で締切に追われ出すと，とたんにものすごい集中力でやり始めるというのも，研究をやっていたころの名残でしょう．やり方はどうでもいいんです．要は，人生は短いんだということを本質的に理解して，その限られた時間で何をするのかということだと思います．

　キャリアの問題の議論のなかで，キャリアアップのためにはスキルを身につけなければならないといったことをよく聞きます．でも，スキルを身につけたら高い給料が得られるなんてことは，少なくとも科学をやるような人には興味がない．博士号を取得しようと思う人は，社会貢献がしたいと思っている．自分が何かすることで社会に何かしらのインパクトを与えたいと思っているんです．だから，そのためにスキルを身につけたいのです．

本質的なことにこだわり続ける

　三：でも，本質的なことが大事だとは理解しつつも，ポスドクだ任期付だとなると，どうやって生きていけばいいんだということに意識を奪われがちですよね．

　丸：かなりの葛藤はあるでしょうね．しかし，任期が終わって職を失っても何とかなるんだ，食っていけるんだと腹をくくれるかどうかです．目先のことにとらわれず，本質的なことを追求し続けた人が最終的には成功します．自分自身のことで言えば，これまで誰もやっていないことで本質を突くことができれば，10年後には必ずビジネスになります．逆

に言うと，それをリバネスの風土にできるかどうかが，この会社が100年もつ会社になるかどうかなのです．

　最初はアルバイトもしていました．やらないと続かないですからね．カフェ・ド・リバネスをつくった当初も，キッチンに入って皿を洗い，レシピを考え，チラシを配布したり，ウェイターもやりました．これがやりたい，これをやる必要があると思えばやるんですよ．肩書きとかお給料とか，そんなのどうだっていいんです．そんなことに縛られるような人は何をやったって成功しません．リバネスが潰れても，本質を見誤らない限り，私はどうやったって生きていけるし，それはうちのメンバーも同様です．もし，会社が残っても本質を見誤るようなら，社長を辞めるべきだと思っています．この会社が曲がってきたら，辞めて別のところで何かを始めるだけです．

　話は戻りますが，人間が生きていくには200万円もあれば充分だと私は思います．本質を貫くことで自分の好きなことができているんだから，それ以上何かを求める必要なんてありません．裕福になろうとか全く思いませんね．今は大企業をつくる研究をやっているようなものです．大企業の創業者に聞くと，たいてい「最初は3人で始めてね…」という話から始まるので，「そうか！ 大企業も最初は1つの細胞だったんだ」と知って，それなら自分にもできると思ったんです．私の場合，大企業への敬意やあこがれが，自分でつくりたいと思う方向に作用したというのが他の人と違ったところでしょうか．

　三：博士号を取得してよかったこと，あるいは研究経験のなかで今の自分にプラスになっていることは何でしょう．

　丸：まずは，どこへ行ってもサイエンスの話をすぐにしてもらえることですね．海外に行くとかなり若く見えるようで，「そんな若いのにPh.D.なのか」と驚かれますが，こちらがサイエンスをわかっている人間だと相手が認識してくれている土俵でビジネスの話ができるので，何をやるにしても有利です．われわれの仕事の基本はサイエンス・コミュニケーションですが，博士同士突っ込んだやりとりができるというのは，国内でも同様です．今度立ち上げた宇宙教育プロジェクト（URL：

http://www.space-education.jp/）では，マメ科植物の種を使うのですが，自分の元々の研究テーマがマメ科植物だったので，そのつながりから研究者の方々を即座に集めることができました．プロジェクトのアイデアを思いつくこと，それに必要なものを調達すること…，それらすべてに研究経験が活かされています．

リスクを取れる立場でいるために

三：ご自分の将来について，何かお考えがあれば聞かせてください．

丸：先ほど申し上げたように，本質を突き詰めたい，そして社会に対してインパクトを与えたいという熱意で動いているので，起業家としてはここまでやってきましたが，経営者としてやれるかどうかという点は明確ではありません．経営者にはまた別の仕事が要求されるわけですから．人を育てることには興味がありますが，いわゆるお金やしくみのマネジメントといったことはあまり経験がないので，そのような人間が経営者になれるのかどうか…．誰か有能な人に経営をすべてお任せして，必要なら代表権も渡すかもしれません．そうしたら，新規事業立ち上げ部門のトップになるでしょう．リバネスという，いわばプラットホームを拡大していくことには，ずっとかかわっていると思います．自分の興味があるものに対して，まっすぐにそれに向かって行くだけです．肩書きには全く興味がないので，それはコロコロ変わる可能性はあります．

リバネスの代表取締役の丸 幸弘ではなく，「丸 幸弘」という個人で売っていきたいです．代表取締役という肩書は重い．社員がいて，社員の家族の生活があって…という立場では果たさなければならない責任が重いです．今はベンチャーだから，リスクを取れるのであって，社員が増え，彼らがいい歳になって家族ができたら，社長としてはリスクを取れなくなる．私はリスク・テイクはやれますが，リスク・ヘッジは苦手です．そうなったら，皆に迷惑をかけずに済むところでやった方がいいんじゃないかと思っています．

だから，私のキャリアはまだまだ変わると思います．例えば今，興味があるのは放送です．サイエンスは放送の世界にもっと入り込んでいか

なくちゃいけないと思います．それが足りないから「あるある…」のような事件が発生してしまうのです．もしかしたら私は「サイエンスのみのもんた」になっているかもしれません．

　それから，海外展開もますます推し進めていきたいです．会社本体には迷惑をかけられないので，別に子会社をつくって海外展開をし，いい時期に再度合併するのでもいいんじゃないでしょうか．そういうことはフレキシブルにやった方がいいと思っています．私自身が会社にしがみつくことはありません．社会貢献が目的であって，その目的のためにリバネスという会社があって，目的遂行のために必要があるから大きくするのです．リバネスのようなことをやっている会社はほかにはありません．だから，世の中に必要で，大きくする必要も生じてくるのです．社会貢献をしたいという私の目標とリバネスの事業とが深くつながっているから，この会社の発展のために頑張るのです．

　私に能力があるわけではなく，やりたいという熱意，特にまだ誰もやったことのないことに挑戦したいという気持ちが人一倍強いこと，好奇心と行動力，それにリスクを進んで取れる度胸があるだけです．だから，能力のあるドクターの人にぜひ私のところに来てほしい．新しい，面白いと思えるアイデアを一緒に実現してみようと言いたいのです．

～インタビューを終えて～
仲間との徹底的なディスカッションが丸さんのビジネスの原点．その信頼関係が成り立っているのもサイエンスに対する初志を共感できているからこそと感じました．代表取締役なのだから少しは服装にも気を付けてくださいと秘書さんに叱られるそう．そんなところもラボにいた頃と全然変わっていないんですね．

（聞き手：三浦有紀子）

第4章　実録　バイオ博士人材の多様なキャリアパス

4. 専門性と文章力の融合で実現したライフワーク

―永井有紀 博士（技術翻訳者）

大学院は当然行くもの…という環境で

三浦（以下 三）：大学院進学，特に博士課程進学の動機を教えてください．

永井（以下 永）：周りの環境が"大学院は当然行くもの"という感じだったので，修士課程進学については深く考えませんでした．博士課程進学については，就職活動の関係上，修士1年の冬には決めなければならなかったのですが，その頃，4年生のときからずっとうまく行っていなかった実験がちょうどうまく行き始めたのです．ここでやめてしまうのは惜しい気がして「博士課程まで行きます」と先生に言ってしまいました．そうやって勢いで進学はしたものの，博士課程の時代は正直に言って，あまりハッピーではありませんでした．ノックアウトマウスの作製に取り組んでいたのですが，自分ではかなりの仕事量をこなしたつもり

技術翻訳者

永井有紀（Yuki Nagai）

1996年東京大学薬学部薬学科卒業，1998年同大学院薬学系研究科機能薬学専攻修士課程修了，2001年同博士後期課程修了．博士（薬学）．2001年より，国立感染症研究所にて科学技術振興事業団重点研究支援協力員，医薬品副作用被害救済・研究振興調査機構基礎的研究業務派遣研究員．2002年10月より，ポスドクとの兼業で技術翻訳業務開始．2004年3月，ポスドクを退職．医薬バイオ分野の和訳を専門とする専業の技術翻訳者となる．

キャリアパス

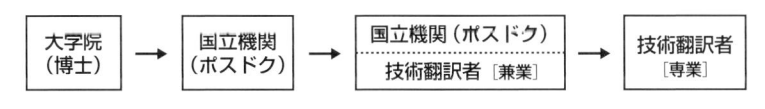

大学院（博士） → 国立機関（ポスドク） → 国立機関（ポスドク）／技術翻訳者［兼業］ → 技術翻訳者［専業］

でも，実際にはツールとなるマウスができたというだけ．これからやっと論文に載せるデータを取り始めるのだと思ったら，この先もっと大変になるのに，やっていけるんだろうかと暗澹たる気持ちになったこともありました．

博士号取得後は，日本学術振興会特別研究員の資格が課程修了後も1年残っていたので，ノックアウトマウスもできたばかりだし，続きをやろうと思っていました．その矢先，ポスドクにならないかと声がかかったのです．これまでに経験がない仕事を任されることになり，新しい環境で自分がどの程度やれるのか，ある程度見えてきてからその先のことは考えようと思っていました．

アイデアを出して，お金を取ってきて，バリバリやる研究者になるというイメージはあまりなく，給与面でもこだわりはなかったので，いざとなったらテクニシャンででも雇ってもらえればいいと考えていました．当時は，是が非でも安定した職に就きたいとか，先行きが不安だから何とかしなくちゃという感じではありませんでした．もしかしたら，私が女だから，こんなふうに考えたのかもしれません．先の先まで計画していても，実際にはどうなるかわかりませんからね．女性のロール・モデルが身近にいませんでしたし，どうしたいのかという具体的なイメージは湧きませんでした．

でも，ポスドクになってしばらくして，博士課程でやったこと，ポスドク1年目でやったこと，2年目以降でやっていることがてんでバラバラで，このままで自分は大丈夫なんだろうか，世間ではポスドクは余っていると聞くし，いつか困ることになると思いました．

博士号，専門性がモノをいう分野

三：技術翻訳をやってみようと思ったきっかけは何ですか．

永：感染症研究所にいた頃，感染症全般に関する英語版教科書の輪読会に参加していましたが，周りの人たちに冗談半分で「翻訳家になれちゃうんじゃない？」と和訳を褒めてもらったんですね．それで，冗談を内心ちょっと真に受けて「これで稼いでみるのもいいかも」と考えてみ

たのがきっかけです．今後どうなるのかわからないという状況で，何か資格を取ったり経験したりというのは役に立つかもしれないから，やれるものはやっておいてみようと思いました．それまでにも，放射線取扱主任者などの資格を取ったりしていたのです．そうは言っても，毎日忙しいので勉強を始めるわけでもなく，今の自分の素の実力で翻訳の仕事ができるものなんだろうかと，特に準備もせず試しに翻訳会社のトライアル（採用試験）を受けてみました．参考にしたのは『稼げる実務翻訳ガイド』（アルク）という本で，この職業に向く人の特徴として，特定の専門分野を有すること，広く浅い知識があること，一人でのデスクワークを苦に感じないこと，調べものや検索エンジンの扱いが好きで得意なこと，誤字脱字がないことなどが挙がっていて，向いているかもしれないと思いました．

　技術翻訳と一言でいっても，いろんな分野があるわけですが，提出された履歴書の職歴を見て，どういう仕事ができそうかを判断されることが多いと聞きます．資格というより，実務経験重視でしょうか．でも，医薬分野は専門分野や学歴がモノをいう数少ない分野です．トライアルに応募するとき送った履歴書の資格の欄にはもちろん，博士（薬学）と，それから大学院でこんな研究を，ポスドクの今はこんな研究をしていると書きましたが，それで一次審査はパスしたようです．本格的な翻訳の経験もなく，受かれば儲けものといった気持ちで応募したのですが，トライアル終了後，数社から採用通知を受け取ったときは，結構やれるかもしれな

いと思いました．

　話は変わりますが，私，英文を読むのは全く苦痛なくできるので，論文や教科書が理解できずに困ったことはほとんどなかったのですが，英作文の方は全く自信がありません．それも研究者に見切りをつけた理由の1つですね．いざ英語で論文を書くとなると，とにかくディテールまで気になってしまい，苦痛で先に進まない．はじめから上手に書けるわけはないから，ディテールにこだわらずに書いて誰かに見てもらったり，投稿前に校正に出したりすればいいのでしょうが，ちゃんとした研究者というのは，英語で論文をきちんと書ける，そういうことまで含めてトータルにできなければいけないものだと考えていたので，論文書きを独り立ちできそうにない自分には決定的な欠陥があると思いました．

　その一方で，日本語校正能力は，院生の頃から周囲の人たちも認めてくれていたような気がします．提出前の報告書を「ちょっと見てくれる？」と頼まれることもよくあって，誤字脱字はもちろんのこと，言い回しがちぐはぐだとか全体的な統一感に欠けるとか，そういうことがいちいち気になって直して返してあげると，感心されたり….

　今，研究現場にいる人で，世の中に横行している明らかに変な訳文が気になって仕方がない人は，この仕事に向いているかもしれません．もちろん，自然な日本語を書く能力があるというのは大前提ですが….

説得力のある文章を書くには

　三：自然な文章を書けることというのは，頭の痛い指摘ですね．
　永：米国だと，大学や大学院で，自分の研究をアピールするためにいかに論理立てて説明するかというトレーニングを受けるなんてことを聞きますが，日本ではどうでしょう．私もそうでしたが，おそらくまとまってトレーニングを受けるという機会は滅多にありませんよね．簡潔で読みやすい文章を作成するというのは，今，研究をしている人たちにとっても重要なことですから，もし今後もそういう教育をなかなか受けられないのであれば，個人個人でかなり意識しないといけないでしょう．
　私も，学振特別研究員に応募するとき書いた書類を，先生に直された

経験があります．最初は考えたことをびっしり，たぶんかなり支離滅裂に書いたのですが，「これじゃあ，誰も読む気にならないよ」と指摘され，「起承転結をはっきりと，行間に余裕が出るくらい，短く簡潔に書きなさい」というアドバイスをもらいました．確かに先生方の書く文章には説得力があって，わかりやすいんです．

　研究者が申請書や報告書を書くときって，納得してもらってOKをもらいたいとかお金をつけてもらいたいとか，目的があるわけですよね．誰が読んでも理解できる文章が理想だと思います．全く専門知識のない人が読んでもわかるくらいの文章なら，誰が読んでも納得できる．もちろん，専門家も．だから，それくらいの気持ちで書くのは重要じゃないかと思います．

　わかりにくい文章を書く人は，往々にして言っていることもよくわからない場合が多い．専門家が専門家に話して訳がわからないんだから，素人に話したら全くわからないでしょう．市民講座などで大学の先生が話したりしていますが，話についていけない場合もよくあります．私が昔よくやっていたのは，自分の親や専門外の知人を相手に，雑談の合間に研究について話してみることです．自分のやっていることでもいいし，最近世間で話題になっている研究でもいいんです．ほんの短い時間で，バックグラウンドのない人に話すわけですから，よほどうまく話を展開しないとついてきてくれません．いい訓練になると思いますよ．そういうことを何回か繰り返していくうちに，短い時間でうまく伝えられるようになります．なかには「そういうことやって，何が面白いの？」と，冷たく突っ込む人もいましたが…（笑）．簡潔に話せるようになれば，書く能力も上達すると思うんですよね．それに，人に話すことで自分の考えているストーリーの弱点に気づく場合もありますから．

　ついでに，もっと大きなことを言うと，研究者一人一人がこうやって身近な人たちに研究や研究室の実態をこまめに発信し続ければ，理解してくれる人も増えるし，科学技術にとってもいいことじゃないですか．自分だけがわかっていればいいんだ，研究コミュニティの中で話が通じればいいんだというのは，世間的には絶対通用しないです．

研究をやめた最大の理由

三：研究をやめることに抵抗はありませんでしたか．

永：ポスドクの頃，最後の方はいまいち体調が思わしくなく，惰性で働いているような状態になってしまっているなと自覚していました．具体的にどこかがひどく悪いというわけではなかったけれど，気が重くて朝起きるのもつらいというか…．このままでは，いつか本当に身体を壊してしまうという恐れはあって，そんな健康を害してまでのめりこむ価値のある研究をやっているかと考えたら，そうでもないし．こういう状態に陥ってしまった以上，どこかキリのいいところでやめた方がいいと思っていました．

それに，自分の中で一番引っかかっていたのは，これまでの所属はどこも，疾患に直結する研究をしていそうなところだったはずなのに，そこで働いている基礎の研究者の多くが，疾患についてあまりにも無知だったことなのです．臨床から来た人は，基礎研究をやっていても「この疾患のこの部分を解明したい」という気持ちでやっていると思うのですが，私の周りは「今までの流れでやってきたところに○○という分子があって，それは○○という疾患に関与しているかもしれない」という携わり方だったんですね．だから，自分のかかわっている疾患以外のところは，少し離れただけでも全く知らない．世間でよく話題になっているような疾患で，一般の人でもある程度の知識があるようなものについても，素人のように大騒ぎしたり…．

私の周りだけではなく，薬学部全体を見ても薬や疾患にとても近いところで仕事をしている人は少なくて，たいていの人たちは，例えば合成が専門なら「この化合物はこのようにしてできました」で終わり，それから先，どんな薬効があるとか，それはどんな疾患に効きそうかについては担当外といった具合です．薬学部にいても，薬や疾患のことを普通に知っているわけじゃない．

私の場合は，薬学部に入る前から"家庭の医学"的な興味はあり，世の中にはこんな病気があって，それにはこんな薬を使うという広く浅い

知識はどんどん増えていたのです．でも，そんなことは基礎研究の現場では大した武器にはならない．基礎研究をやっている限り，何かの病気を治すなんてことは，"風が吹けば桶屋が儲かる"ような気が長くて意外性もあるような作業を何回も繰り返さないと実現しないことを痛感したというのも大きいです．

　せっかく，薬学部で勉強して，広い知識を得て，薬剤師資格も取れて，学位も取ったんだから，もっと社会に自分の能力を還元したい，病気で困っている人を救うとか，そういうことがしたいと，いまさらながら感じたのです．ここまで来てしまって，今から自分に何ができるのかと考えたとき，技術翻訳という仕事は，間接的ではありますがそのような希望を叶えられそうな仕事でした．

　三：これまでの研究経験は，活かされていますか．

　永：最近は，新薬の治験に関する膨大な資料を任されることも多くなりました．創薬にも分子生物学的手法が多用されてきていますから，以前実際にやっていたような手法に出会うこともしばしばあります．翻訳学校を修了してきた実務経験のない同業者に「どうしてここはこんな訳になるのか」と，半ばクレームのような質問をされるときでも，「実際の現場ではこう言っていますから」の一言で片づくのです．プラスミドをどうしたとか，制限酵素がどうの…といった表現が出てくると，どんなに翻訳能力が高くても，やったことのない人にはそれがどういうことなのか明確なイメージがわかず，重大な誤訳につながったりします．やっぱり，理解できていないと的確な翻訳はできないものなんだなあと，他人の仕事を見て感じることも多いです．実際の経験は，本当に強い味方です．

職業選択の幅は広い

　三：これから理系を目指す女の子たちに何か言ってあげるとすれば，どんなことを？

　永：男女を問わず，私は絶対この道を行くんだという固い決意がある人は，それでいいと思います．でも，大概の場合，他人の言うことが気

になったりするわけですよね，人間って．それだったら，ロール・モデルになるような人を見つけるべきだと思います．結局，落ち着くところに落ち着くものなのですが，そういう人がいないとか，相談できる人がいないとなると，私がそうだったように，うろうろと回り道をしたり，その場凌ぎで決断したりということが多くなってしまうと思います．

　それから，専門性をもったうえでの職業選択は幅が広いのだということを忘れないでほしいです．大学に残るという細く険しい道もありますが，企業だって公務員だってあるし，私のようにフリーになってずっと家で仕事をする道もあります．特にフリーランスなら育児との両立も実現しやすいものです．男女平等とはいっても，まだまだ完全だとはいえない．それも少しは覚悟しておけば，少々のことなら耐えられますし．

三：今後の展望を教えてください．

永：先ほども言いましたが，新薬の治験に関する案件を扱うことが多くなってきたこの頃は，これが市場に出るのをどれだけの人が待っているのだろうなんて考えたりして，やりがいを感じます．ポスドク時代の研究テーマには一貫性がなかったけれど，今は微力ながらも細く長く"的確な翻訳をして，正しく伝えるための手助けをする"という仕事に努め，その積み重ねで社会に還元できるものを少しでも増やせたらと思っています．

〜インタビューを終えて〜

私のように，細々と生計を立てている者の話が参考になるんでしょうかと言って謙遜されていた永井さん．フリーになるにあたって保険を見直したとか，この身分だと家のローンを組むのも大変だったとか，生活者としての苦労話も伺いました．まずは普通の社会人として，自分の身を考え，備えられる人であることが重要だと思いました．インタビュー後，技術翻訳についての解説もいただきました（次ページコラム参照）．　　　　　（聞き手：三浦有紀子）

Column　　　　　　　　　　　　　技術翻訳の現場

　技術翻訳者（実務翻訳者，産業翻訳者などともいう）には「英訳（外国語訳）と和訳両方できる人」「和訳のみできる人」「英訳（外国語訳）のみできる人」の3種類がいる（数は少ないが，英語⇔外国語ができる人もいる）．重宝されるのは，両方できる人，続いて英訳のみ，和訳のみとなるので，和訳のみの人は分野，品質，処理速度など，何かアピールポイントがないと依頼が来なくなりがちだ．

　読んで違和感のない日本語訳は求められるところだが，その一方，技術翻訳のなかでも相当数を占める契約書や特許を扱うとなると話は変わってくる．たとえ不自然な日本語になっても，一字一句正確に，原文にあることをそのまま訳出することが原則である．そうしないと，特許の範囲が変わってしまうといった重大な誤訳につながるからだ．

（永井有紀）

第 4 章　実録　バイオ博士人材の多様なキャリアパス

5. 目的達成を目指して,模索しながら過ごした大学院時代

――久保田俊之 博士 (㈱リクルート)

科学研究を世の中に理解してもらいたい

三浦(以下 三):キャリアプランの変遷を教えていただけますか.

久保田(以下 久):大学に入学したときには,大学院に行って博士号を取得して,その先研究者として生きていくんだろうなあという漠然とした考えをもっていました.父親も分野は違いますが研究者で,一番身近な職業でしたから.帰宅が深夜になるのは当たり前,多忙な時期には,家族旅行の移動の最中でも原稿をチェックしたりする姿を見ていて,これが普通の父親の姿なのだと思っていました.

卒業した大学とは違うところで大学院に入学したのも,やりたいと思っていた免疫学,アレルギーの研究が思う存分できると先生に誘われたからです.研究者になるんだという漠然とした気持ちをもっていた一方で,研究以外の活動にも積極的にかかわるようになったのは,博士課程に入学した頃でしょうか.

株式会社リクルート　テクノロジーマネジメント開発室　ライセンシングパートナー
久保田俊之 (Toshiyuki Kubota)

2002年東京工業大学生命理工学部卒業,2007年博士(医学)号取得(東京医科歯科大学大学院医歯学総合研究科).博士課程在学中から,東京医科歯科大学知的財産本部で編集業務,株式会社リバネスでバイオ教育事業に携わる.2006年5月よりリクルートに加わり,リサーチャー業務を経て現職に至る.

キャリアパス

大学院(修士) → 大学院(博士) / 大学内(編集業務) ・ 企業(教育事業) → 企業(技術移転)

友人に誘われて㈱リバネスに加わり，いろんな活動をするうち，研究者と世間との間隔のズレをとても感じるようになりました．世間がもっている研究者のイメージというのは，実際の研究者の姿とは程遠く，こんな状態で，科学研究を世間の人たちに理解してもらおうとか，世の中に研究成果を発信しようとかいうのは，無理なんじゃないかと思い始めたのです．そこから，自分の研究も含め，どうしたら科学研究を世の中に受け入れてもらい，広めることができるようになるのだろうかというのが，自分にとって重要なテーマになりました．その手段として，教育や出版があったのです．実際に大学院生が楽しそうに研究をしている姿を見せることが，子どもたちの科学への興味を引き出す近道なんだと感じる経験を得ることができました．

　また，ある企業のホームページにエッセイのような形で数人の仲間たちと書き溜めていたものを，『抗体物語』というタイトルの本にすることができましたが，まだ研究者になりきっていない，勉強している最中の大学院生だからこそ，世間一般の人たちにわかりやすいものを書けるのではないかという意気込みで取り組みました．そのような活動を通して，何が一番世の中に求められているのかということを絶えず意識するようになりましたね．この本は，リバネスでの活動のなかでも特に印象に残っている成果です．

　でも，こういう活動が，本業である研究に差し障っていると思われないよう必死でした．朝から夜まで研究室で実験をして帰宅後，睡眠時間を削って仕事をしたり，原稿を書いたりしていました．研究に手を抜いていると思われたり，実際に成果が出なかったりしたら，本当に研究室にいられなくなってしまうんじゃないかと恐れていました．大学院を途中でやめるつもりは毛頭ありませんでしたから．それでも書き続けられたのは，自分の書いたものを読んでもらえるという喜びがあったからで，本当に楽しかったです．

　研究者である父は，こういう活動を歓迎してくれました．ただ，やるならすべてのことに全力を尽くせ，どっちつかずにはなるなと注意されましたが…．

技術移転の中核を担う

三：現在のお仕事を具体的に解説してください．

久：一言でいうと，大学の技術移転のお手伝いです．産学連携が奨励され，今ではたいていの大学で知財を取り扱う組織ができていますが，最初から，企業と組んで研究を進めているような場合を除いて，まだまだ大学の先生方がお持ちの特許，技術シーズをどのように企業に売り込んでいくのかというところは難しいですよね．企業側も，ある程度形になっているものなら「それ，うちでやりましょう」と言ってくれると思いますが，そこまで到達するのはなかなか容易ではない．そこには，大学のTLOなどが絡んで実現していくのですが，その大学TLOの民間バージョンとでもいえばいいでしょうか．

ある技術に対し，まずそれが特許として価値があるのかを見極めます．これはサイエンスとしての面白さとは違い，特許としての側面から見るということです．あると判断すれば，それを所有する先生（大学の場合，技術の権利は大学に帰属することになっているので，大学）とエージェント契約をします．われわれはあくまでもエージェントであり，その権利者にはなりません．権利者に代わって，契約の手続きや交渉を行ったり，提携先を探したり，技術シーズをどのようにインキュベーションすればよいのか，どこまで発展させれば企業の触手が動くかを考えてアドバイスしたりといったことが仕事です．権利者と企業とのライセンス契約が成立したところで，ライセンス料の一部を成功報酬としていただくことになります．

部署は，私を含めた営業担当が12名，リサーチャーが1名，他アシスタント数名という構成です．

大学の先生方とはよくお話しするのですが，とにかく特許についてわからないとおっしゃることが多く，1つ1つに質問をいただくという感じです．例えば，特許をどの段階で出願すればよいのか，学会発表はいけないのか，論文について，修士論文も出しちゃいけないのかというものです．論文を書いてはいけないとなると，学位をとらせなきゃいけな

いという教育の部分で支障が出る．特許出願をするからといって，学生に発表するなとはなかなか言えないわけですから．

　いろんな事例がありますが，1〜2年研究をやって特許が出せるような場合は多くはないですし，数人の学生が出した成果を集約して1つの大きな特許になる場合もありますから，特許を出したいからといって何でもかんでも隠すのではなく，基本的には先生方の思うようにやっていただきたいです．そのうえで，特許を出すタイミングなどのアドバイスはわれわれができると思います．もちろん，比較的初期の段階からご相談をいただいていれば，局面ごとに一緒に考えることもできますから，よりよい選択ができることになります．

　先生方とお話するのは，楽しいですね．自分がやっていた研究の話を聞かれることもあるし，専門家同士だから盛り上がれる話というのもあって…．たまに，博士号をもっているのに何で研究を続けないのと聞かれることもありますが，自分で考えて，苦しい思いもして研究をやっていたという経験があるからこそ，もちろん研究の経験としてはずっと未熟ではありますが，先生方と少しでもこういう話ができるんだと思います．

　弊社の特長としてリサーチャーという職があります．私も経験してきました．このリサーチャーが，具体的に何をやっているかといえば，技術評価と特許性の調査，市場調査です．新しい技術を提示されたときに，それが世の中にどれだけ求められているものなの

か，権利としての観点から見て可能性の高いものかなどをできるだけ厳しく判断します．発見，発明として素晴らしいものでたとえ特許が認められるとしても，他人がその権利の範囲をすぐにかわせてしまうようなものでは，その後の技術移転活動が難しくなります．こういった場合は，調査した内容を踏まえ，どう権利範囲を取得していくかなどの議論を先生方や弁理士と詰めていくことが技術の実用化につながっていくのだと思います．

数年後の世の中を予想して

三：まだ博士号を取得されて間がないと思いますが，もうこんな高度な仕事をされているんですね．大学院生のうちから，準備しておけることはありますか．

久：もちろん今も大変ですが，最初はもっと大変でした．自分のバックグラウンドの範囲内であれば，研究として素晴らしいもの，新しいものについての判断は可能ですが，特許性があるかどうか，さらに私たちの仕事として成立するかどうか，すなわち，技術移転が可能かどうかを判断するには，また違った視点が必要になってきますから．その判断力を養うには，市場を常に観察することが重要です．企業がどんな技術をほしがっているのか，世の中にはどんな技術が必要とされているのかといったところに絶えず注意を払います．必要とされているところにうまくはまるような技術が出てくれば，技術移転の可能性は高くなります．

かつての私自身がそうであったように，研究をしているときは，自分の扱っている分子やその周辺についての知識は非常に蓄積されてきます．それについては，どこの誰がどんな研究をしているといった世界中の動向を把握できているわけです．でも，その一歩先にどんな応用が可能なのか，例えば，どんな薬にすればどんな疾患に適用できるのかといったことは，見えていないことが多いと思います．そこまで見抜けるようになるためには，まず，視野を広くもつことが要求されると思います．

例えば，自分の研究テーマについて，明日あるいは来週の実験計画を

立てるだけではなく，3年後，5年後の世の中の状況を予想しながら，プレゼンテーションできるよう意識することが必要だと思います．大学の先生なら，毎年のように競争的研究資金に応募するわけですが，その練習を学生のうちからやってみるのもいいのではないでしょうか．たいてい，自分の研究が世の中にどのように求められているのかを書くこと，つまり現在この分野の研究はどこまでどのように進んできていて，こういうところが必要とされているといったことを書く必要がありますから．研究費の申請書類が無理でも，学会発表の際に，そういった視点を盛り込む努力をするだけでも効果はあると思います．大学院生の頃には，いつも教授からそう教えられてきました．

科学を伝えることの楽しさ

三：ご自身の大学院時代を振り返ってみていかがですか．

久：先ほどお話したように，院生のときはとにかく忙しかったです．今の方が，時間的にも経済的にもゆとりがありますね．計画性をもって生活できるというか…．何だか切ない話になってしまうのですが，学生時代は本当に貧乏でした．学費も自分で工面していましたから．リバネスで仕事をする以外に，在籍していた東京医科歯科大学の知的財産本部の非常勤として，発行雑誌の記事やイラストを書いたりする仕事をやって何とか凌いでいました．私の場合，実家から通えたのでできたと思うのですが，1人暮らしをして…となると，到底無理でしたね．

こういう部分って，モチベーションにもかかわってくる重要な問題だと思います．今は，大学院生の地位があまりにも低い，扱われ方が軽いですよね．研究者が，というか研究するという行為が，充分報われていません．そういう思いがずっとあって，今の自分があるのだと思います．つまり，研究者の実態も含めて，科学研究というものを世の中に広く知ってもらいたい，正当に評価してもらいたいという気持ちが，教育や出版とはまた少し違った視点で技術移転という仕事に結びついたと思います．

世の中に存在する，みんなが普通に使っているいろんなものに，研究

成果が応用されています．それらはたくさんの研究者がコツコツと積み重ねた研究成果の賜物であるということを，もう少し身近に感じられるように，大学の研究者のこんな研究成果がこんなふうに世の中で活用されていますよと伝えたい．そうすれば，科学研究そのものに対する世の中の理解も深まるのではないか．そんな気持ちから，技術移転を仕事にしようと思ったのです．

　研究も実験も大好きでしたが，研究者ってどうしてこうも狭い世界にこもりがちなんだろうという疑問はありました．もちろん，そういう特徴があるから，1つのことを深く探求できていい結果を出せるのだろうとは思いましたが，自分はちょっと違うなと，もっと外を見てみたいという気持ちがありました．研究の話をするのは大好きなので，子どもたちに研究の話をしてみたいなとか，面白く伝えられたらきっと好きになってくれるだろうなとか，理科離れが叫ばれ始めた頃だったので，そんな話を友人にしていたら，リバネスに誘われました．そして，他の人と同じように研究をして，その後の余暇時間を使って，企画を考えたり，執筆をしたりという生活が始まったのです．子どもってすごいですよ．すぐに，遺伝子からタンパク質ができるまでをちゃんと理解して言えるようになったり…．教え方の工夫次第なんです．そういうのを目の当たりにして，とても楽しかったですね．

大学院入学の目的とは

　三：ポスドクが皆，研究者としてアカデミアに残れるわけではないという状況では，次のキャリアにつながる研究以外の活動をする必要も指摘されていますが．

　久：ただ，皆がそういうことを自主的にできるかというとそうではありません．日々の研究をやっていくだけでも精一杯ですし，また精一杯やらないとやったとはいえないと思います．私が通っていた大学院は医学系ですが，医学修士のコースもあって，修士課程修了で就職する人たちもたくさんいました．修士課程では講義がびっしりと後期の途中くらいまであって，そのうえ就職活動は1年の冬から始めなければならない．

下手をすると，就職活動は夏ぐらいまで続くわけで，就職が決まってようやく落ち着いたかと思ったら，修士論文をまとめ始めなければならない．これでは，一切研究できていないのです．

　大学院に入る目的とは，自分で考えて研究することだと思います．自分で考えて仮説を立て，それを検証するために実験を計画して実施して，その後の展開を考察したり，思った通りの結果ではなかったら，それをなぜかと考察する．そのためのテクニックを学ぶところが大学院だと思うので，大学院に入るなら博士課程まで行くべきだと思います．今の修士課程の状況をみると，何のために大学院に入ったのかよくわからないですよね．

　先生の側から見ると，先生やドクターの先輩に言われるまま手を動かして実験をし，どうにか論文を書き上げて出ていく修士に対して，自分で考えて研究して博士号をちゃんと取れた人間なら，就職も自分で何とかして出ていくだろう…と思えるんじゃないでしょうか．

　世間では，博士課程に行くと選択肢を狭めてしまうとか，修士の方が就職活動で有利だとかいろいろ言われていますが，経済的に余裕があれば絶対，博士課程に行くべきだと思いますね．博士課程って，自由で楽しいんです．研究にしても，自分の考えですべてできるし，学生の身分なので課外活動に関しても自由でしょう．人生を形成すると思われる20歳代後半を精力的に過ごすのに最適だと思います．好きな研究をやりながら，これから先何をやりたいのか模索するのに一番いい時間を過ごせました．もちろん，研究に行き詰ってデータが出せないときにはうなされたりしましたが，そういう苦しい体験も含めて，楽しかったといえますね．ある程度，追われている状況というのがよかったのかもしれません．

　逆に，今は追う立場ですね．研究をやっていたときとは，違った楽しみがあります．毎日，最先端の技術に触れられ，刺激的で感動もあるし，そのうえ，自分が探し出してきて，調査して，温めてきた技術が，例えば薬になって実際に疾患を治すことになる…なんて考えたら，もうたまらないですよね．

根本となる気持ちを大切に

三：たとえ，薬になっても自分の名前はどこにも出ないわけですが….

久：そういう欲はあまりないんです．根本には，アレルギーを治したいという気持ちがずっとあります．自分で研究するという手段もあるけれど，日本中のアレルギーの研究者の成果に触れて，そのなかから有用な技術をサポートし，薬にしてアレルギーを治療するという方が近道なんじゃないか．よりよい成果の実用化をサポートする今の仕事がピッタリじゃないかと思えたんです．自分の当初からの目的に沿ってきているので，満足しています．

研究者であっても，お金や名声に走ってしまうことも考えられるし，そこまで行かなくても，つい目の前の問題に必死になって大切なことを見失う可能性はありますよね．研究者を目指すにしても，何をやるにしても，哲学というか，そういうものをもってやっているかという部分がぶれないことが重要だと思います．

三：将来ビジョンをお聞かせください．

久：リサーチャーを経験し，今は実際に先生方にお会いして技術をお預かりし，企業へのマーケティングを行っています．リサーチャーのときに学んだ技術評価のノウハウを後輩につなげ，技術移転をする際に，どういうステップが必要で，それを実行するためにはどんな能力が必要かを体系化したいと考えています．もちろん，明確な答えはないのですが，方向性を示したいと思っています．

この職業が充分認知されれば，目指す人も出てくると思います．よく知られるようになれば，そこに至るまでにやるべきことはそう特別ではないので．もし，目指してくれる人が増えて，いい人材が集まってくると，技術移転としてももっといい展開がみられるのではないでしょうか．

研究者との二人三脚を目指して

三：大学の先生方へ，特許戦略についてアドバイスをお願いします．

久：研究者は，純粋に，自由にサイエンスを追求してこそ，研究者だ

と思いますので，先生たちはそこに専念してくださいと申し上げたいです．特許，それから技術移転に関しては，大学であれば知財本部があり，TLOがあり，そしてわれわれのような者がいますので，うまく使っていただきたいです．ただでさえ，大学の先生は多忙なのに，特許戦略やら企業との付き合いでたくさんの時間を取られてしまうのは大変ですよね．私たちは，技術移転をサポートする者として，いつでも相談をいただける立場になり，常に先生方と二人三脚で行けたら，それができる信頼関係を築けたらと願っています．

〜インタビューを終えて〜

楽しい…という言葉をお話の最中何度も聞きました．それはモチベーションを上げる最重要ポイントです．そこに到達するには，どんな方法をとっても自分の奥深いところにある目的を決して忘れないことが大切だと教わった気がします． （聞き手：三浦有紀子）

第4章　実録　バイオ博士人材の多様なキャリアパス

6. 想像を超えたところに自分の能力を活かせる場所がある

―― 武井次郎 博士 (㈱スリー・ディー・マトリックス)

英国のPh.D.取得システム

三浦（以下 三）：英国の大学院でPh.D.を取得されていますが，簡単にそのシステムをご紹介いただけますか．

武井（以下 武）：英国内でも複数のシステムがあるのですが，修士課程と博士課程は独立したものであって，修士課程の先に博士課程があるという日本のシステムとは随分違います．英国の博士課程は，研究を進めていくうえで必要な基礎知識を習得する，テーマを遂行するためにマネジメントするという部分ではかなり大変だと思います．大きな研究室に入れば，いろんなテーマがあってそれを継承するというやり方もあるでしょうが，大抵の場合，ほとんどゼロからの出発となります．聞くところによると，米国に比べて英国の方が博士課程の脱落者が多いらしいです．私がなぜ米国ではなく英国の大学院を選んだかに関しては，特に深い理由はありません．

大学院在学当時，私のような日本人に対する奨学金はほとんどありま

株式会社スリー・ディー・マトリックス　執行役員 技術担当
武井次郎 （Jiro Takei）

1992年国際基督教大学卒業（化学専攻），1998年英国ブリストル大学大学院博士課程修了（生化学専攻）．1998〜2003年，米国NIHにおいてポスドク，2003〜2004年まで横浜市立大学でのポスドクを経て，2005年㈱スリー・ディー・マトリックス入社，2007年より現職．

キャリアパス

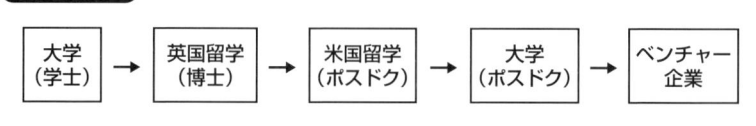

大学（学士）→ 英国留学（博士）→ 米国留学（ポスドク）→ 大学（ポスドク）→ ベンチャー企業

せんでした．もちろん，英国人学生のほとんどはリサーチ・アシスタント（RA）という形で経済的支援を受けていましたし，逆にRAの資格を取れない人は大学院に進学しませんでした．指導教官になる人は，自分のもっているグラントで何人の院生を抱えられるかということがわかっていますから，それをふまえたうえで，学生の学部時代の成績や実際に面接した際の結果などをみて誰を採るか決定します．これが選考の過程であって，日本のような入学試験はありません．

三：博士号を取得した後，米国でポスドクになられたわけですが，博士課程修了時に他の選択肢は考えましたか．

武：いいえ，ポスドク以外の道は考えませんでした．博士号取得がゴールではなくて，これでやっと研究者としての資格が得られたということですから，ずっと研究者でいるというこだわりがあったわけではありませんが，自然な選択肢としてポスドクになって数年間修行を積むことにしました．ポスドクになったときには，その後の予定については全く白紙の状態でした．

それに，差し迫って日本に帰る必要もありませんでしたし．大学院在学中の経済的な支援，それからその後の進路選択について自由にやらせてくれたことなど，両親には感謝しています．

ポスドク後の進路を真剣に考え始めたのは，ポスドクになって4年目あたりでしょうか．研究開発職に限ってですが，いろんな選択肢を考えました．米国の企業に入ることも当然考えましたし，大学に応募するためのリサーチ・プロポーザルを作成したり，実際に自分の考えているプロジェクトのアイデアを複数の研究室に打診したり…．結局，日本に帰ってきたのですが，日本の大学教員ポストに就きたかったからというわけではなく，簡単にいえば，英国と米国併せて10年もの間外国にいて，少々疲れたということですね．当時興味のあった研究テーマに近いことをやっている日本の研究室にポスドクの空きがあったので，渡りに船といった感じでした．

日本に戻ってきて，選択肢は2つになりました．このままアカデミアに残るか，それ以外を考えるかということです．実は，帰国後結婚し，

子どもが生まれることになったので，家族を引き連れて外国に行くということが考えにくくなったのと，家族ができたので，いよいよポスドクという不安定な身分を何とかしなければならなくなったのです．その当時，50％くらいはアカデミアに居続けようと考えて，自分でグラントを獲得して何とかすることも考えました．一方で，10年後の自分を考えつつ，本当に何をしたいのかを真剣に考えたとき，技術を扱うベンチャー，自分の専門を活かせるバイオベンチャーで働くということが最適な選択のような気がしてきました．

自分の価値を計れない不安

三：実際にどうやって今の仕事を見つけたのですか．

武：人材紹介会社からの情報です．情報として提供されたのは，20件くらい．そのうちの6，7社に面接に行きました．実質的な就職活動期間は3カ月ほどです．精神的には結構焦って活動していました．そもそも，企業側からみた自分の価値というものがわからない．研究だけの生活が長かったことがマイナスになるんじゃないかとか，海外在住期間が長すぎて，使いにくい人間だと思われるんじゃないかとか，いろいろ心配しました．しばらくすると，だいたいわかってきて，それほど悲観することもないなと冷静になれましたが．

スリー・ディー・マトリックス社の面白いところは，過去の実績だけではなくその人のポテンシャルにかけて採用するというところでしょうか．私もそうですが，いわゆる社会人経験が全くない人間についても，やれそうかどうかというポテンシャルの部分をみて採用してくれます．私が採用されたポイントとしては，当社は業務上，かなり専門的な知識をもったうえでビジネスレベルの外国語でのやりとりが必要であるというところだと思います．やはり，社としては社会人経験ゼロでやっていけるのかという不安はあったと，入社後何度か聞かされました．

社員は全員，いわゆる中途採用です．小さい会社なので計画的な採用はできないんです．募集をすると決まってから適任者にめぐり合うまで，いろんな手立てを使って探し，じっくり選ぶといいますか，何といって

もポテンシャルの部分を見極めるわけですから，そう簡単ではないわけです．

当社に限っていえば，ある程度の生物学的バックグラウンドがあることということで，一応修士以上に限定してはいますが，応募してくださる方には必ずお会いしています．書類選考の段階では，まとまりのあるわかりやすい書き方をしているかなど，基本的なルールをクリアしているかだけを見ていますね．書類はあまりあてにできないというか，素晴らしい経歴の持ち主でも，実際に会ってみると全く期待はずれだったり，逆に書類上何ら目に留まることがなかった人が，実は素晴らしかったりということが何度かありましたから．

相手の立場に立って考えることの大切さ

三：現在の仕事内容をお教えください．

武：一般的にいえば，学術ということになります．ただし当社の製品を使っていただいている先生方を訪問し，お話を聞いて社に報告する，あるいは先生方の要望に沿った情報をお届けするというだけではありません．先生方とのやりとりのなかで，技術の広がりを創造するといいますか，もちろん対等というわけにはいきませんが，ある程度高度な知識をもってお話をするなかで，次のお仕事に役立つという側面もあります．そのほかに，学会などで新規ユーザーの開拓なども行っています．そのためには，羊土社さんをはじめ，日経な

どの技術関連雑誌に頻繁に目を通し，新しい技術，動向などの情報を常に集めています．

仕事をするうえで留意すべきと思う点は，顧客とのコミュニケーションですね．こちらは正確に伝えたつもりになっていても，先方はそうは解釈していなかったということが結構あって，痛い目に遭ったことがあります．やりとりしたメールを後で読み返してみると，確かに自分ではこう伝えたいと思って書いているけれど，相手にはそう伝わっていない．コミュニケーションの難しさに冷や汗をかくことも多いです．対処法としては，急ぎのメールでなければ少し間をとって再度読み返してから送信するとか，相手の性格を考えた文章にするとかですね．せっかちな先生には，長いメールにしないことも方法の1つです．

顧客とのコミュニケーションに限らず，仕事をうまくやっていく，目的を達成するためには，相手の立場に立って考えること，ときには恥をかいたり自分が悪者になったりすることも必要です．そうしたからといって，自分の人格が否定されるわけではない．いろいろとまだまだ学んでいる最中ですが，一人で実験をしていたときとはこのあたりがかなり違うと感じています．

三：お仕事の将来ビジョンをお聞かせください．

武：目下のところ，当社は医療機器としての承認を目指して製品を扱っているわけですが，基礎研究の現場に試薬としてお配りするだけでは面白くないわけです．種まきをやっただけになってしまいます．やはり，次の段階に踏み込む，つまり実用化に持ち込むことを考えるべきで，それを目指して活動しています．3〜5年というスパンになるかと思いますが，やるべきことは決まっていて，それに向かってしっかりと積み上げていき，かつその後ビジネスとして成り立たせることまで視野に入れて，今準備をしているところです．

話は前後しますが，私がやっていた研究，構造生物学ですが，タンパク質と核酸の相互作用というテーマは，生命の起源に迫る素晴らしいテーマであることには違いないのですが，心のどこかで，いつまで経っても好きなことを好きなようにやっているだけじゃないかと思い始め，面

白みを感じなくなってきたというのは正直ありました．よほど，学術的に画期的な発見でもしない限り，この思いは拭い去れない．そういう思いを抱えていましたから，メディカル業界でこういう仕事をしようと決め，やってきたのです．ですから，役に立つモノとして世の中に出すこと，再生医療という夢のある分野で着実に目に見える形で貢献するというのが，直近の目標です．

次に，もう少し長い目でみた場合の目標としては，技術シーズの発掘，新しい技術の創出にかかわるビジネスとしての醍醐味を追求していきたいという思いがあります．

ビジネスの面白さとは

三：ビジネスの醍醐味を，若い研究者に教えていただけませんか．

武：やってみてわかったのですが，案外お金儲けが好きな自分を認識しました．お金が好きというのではなくて，ビジネスという一種のゲームのなかで，計画を立て，活動をして成功する，ゲームでいうところの上がりに到達するプロセスを楽しむというか，もちろん，失敗に終わることもあるわけですが．そういう面白みをやってみてはじめて知りました．自分の技術を実用化して一攫千金…なんていうことに夢をはせられるタイプの人なら，こういう仕事には向いているかもしれませんね．研究者のなかには，こういうことに全く興味を示さない方もいらっしゃいますが，世の中に何が必要とされているかを見出す面白さですとか，研究をやる面白さとはまた違った面白さを味わえることは確かです．

一方で，研究に似ている部分も多くあります．例えば，新しいベンチャーシーズを発掘することは，新しい研究テーマを発掘することに似ていると思います．ポスドクや大学院生といった若い研究者でも，当初与えられていたテーマの副産物として出てきたものの方が面白そうだということになって，そこで選択の自由が与えられていれば，その副産物の方を主テーマにしてみることもできる．そちらに乗り換えるにあたっては，情報を集め，必要なテクニックは何か，それをどうやって手に入れるかを考えたり，競合相手の状況を見たり，つぎ込むべき労力，時間や

資金を見積もったり，成功した場合のインパクトを予測したりということは誰でもやるかと思いますが，まさしくベンチャーシーズに対しても同じようなことがいえます．世の中のトレンドや法規制がどうなっているかを調べたり，市場としてどれくらいの規模を見込めるかを考えたりすることです．実際に資金を投入する前にサンプルを作成してそれを配布し，ユーザーの感触をみたりすること，つまり予備実験のようなことをやるときもあります．

研究とビジネスの最も違うところ

三：さて，ここで気になるのが，いったいそういうチャンス，つまりバイオ系ベンチャーで働くチャンスというのは，多いのか少ないのかということなのですが…．

武：難しい質問ですね．同じ業界の方にお目にかかる機会も多いのですが，感覚的にいうと，人材に対する不足感はかなりあると思います．原因として，需要側と供給側のマッチングの機会がないというのがまず思い当たります．最近はいろんなところで努力もされているようですが…．

そこで，若い研究者の方々にくれぐれもお願いしたいのは，研究の世界で培った思い入れといいますか，思い込みのようなものをとりあえず捨てていただきたいということです．

ビジネスの世界では，必ずしも正確さが求められているというわけではありません．科学的に正しいか正しくないかということよりも，足りないデータではあるが，そのなかで，その時々の判断をしていく必要に迫られる．そこで会社にとってベストな選択ができるということの方が重要なのです．研究の世界では，不正確かもしれないデータで一か八かの判断をしなければならないなんてことは，絶対に有り得ないわけですが，ビジネスの世界では往々にしてそれが有り得る．もちろん，研究を続けたなかで養われてきた論理的思考力等々は100％活用されるべきで，今まで受けてきたトレーニングが全く無駄というのではありません．ただ，今までの価値観，研究の世界における価値観は一度白紙に戻して，

再構築していただきたいということです．

三：大変失礼な質問をしますが，会社が傾いたらどうなさいますか．

武：それは，いつも考えています．入社するにあたって，それが一番の心配事でしたから．入社前は，ベンチャーというのは半分以上潰れてしまうといった噂を耳にするわけで，そういう状況になったら自分がどうすればいいのかを，当然考えることもできない．それでも入社したのは，どんな仕事をどのようにしたいのかということにこだわろうと思ったからです．実際，仕事を始めると，いろんな交流のなかで自分なりのネットワークができ，会社に万が一のことがあっても，自分がこの世界で生き残っていくことはできるという感触をつかめるようになりました．

逆に，小さな会社だからこそ，自分の役割，貢献もわかりやすく，やりがいにつながるということはあると思います．何か具体的に世の中に役に立つというところにまで到達するには，想像を絶する長く険しい道のりはあるのですが．

想像を超えたところにある自分の可能性

三：最後に，研究者の方々，特に若い研究者の方々にメッセージをいただけますか．

武：アカデミアにいらっしゃる研究者の方へということなら，まず，知的財産に対する考え方についてですね．未だに，特許を出願したというだけで業績として評価されるようですが，それはちょっと違うんじゃないかと．こんなに特許，特許と騒がれているものの，おそらく，知財から利益を得ているのは，米国でさえ数少ない一部の大学に限られているのではないでしょうか．学術研究として評価が高いということと特許を出願する価値があるというのは，全く違うものだということをまだまだ大学の研究者はご存知ない．真に知的財産として価値がありビジネスソースになり得るものを創出するのは並大抵のことではありません．もちろん，大学などの研究現場で知財として価値があるものが生まれる可能性は大いにあるという意識は大切です．乱暴な言い方かもしれませんが，皆が憧れるジャーナルに掲載された内容でも特許の世界では全く価

値がなく，逆に，学術的につまらない内容でも特許性が高い発見というのもあり得ることなのです．欲を言えば，その両方を備えている研究を狙っていただけたらと思いますが．

キャリアに対する考え方にも同じようなことが言えて，学術研究で素晴らしい成果が出せたか，出せなかったかというのは，あくまでもアカデミアという閉じた世界での評価の1つでしかなく，学術的に素晴らしい業績はビジネスには直結しません．しかし，それを創出できる能力，つまり「論理的思考」「独創性」「知識」「ハードワーク」は必ず企業でも役に立つものです．これから研究を離れて，企業を目指そうという方々には，自分の想像を超えたところに自分の能力を活かせる場所があるんだということを意識して，いろんな情報を収集し，吟味する機会をもっていただきたいです．

博士号とは運転免許のようなもので，将来プロのドライバーを目指すのもいいし，ペーパードライバーでも構わないという気がするんですね．

～インタビューを終えて～

ビジネス界に入るにあたっての考え方，知財に対する考え方など，大変厳しいご指摘をいただきました．しかし，それ以上に，この厳しさのなかでこそ味わえる仕事の面白さを力説してくださいました．読者の皆様には，ベンチャー企業で働いている博士号取得者の等身大の姿を，武井さんのお話から感じ取っていただけたのではないかと思います． （聞き手：三浦有紀子）

第4章 実録 バイオ博士人材の多様なキャリアパス

7. ビジネスの立場から研究成果の事業化に携わるという選択

―安西智宏 博士（㈱ファストトラックイニシアティブ）

研究成果の実用化への意識が芽生えた学生時代

三浦（以下 三）：これまでの経歴についてご説明いただけますか．

安西（以下 安）：元々は理学部の生物学科出身です．私が研究を始めた頃は，実験に分子生物学的手法を使うのはすっかり一般的になっており，私自身も個体レベルでの生命現象を分子レベルで解明することに興味がありました．所属した研究室はカイコや蝶などの昆虫を使った研究をしており，今考えても相当に基礎寄りの研究をやっていました．その研究室で博士を取得するまで，昆虫に内在する転移因子レトロトランスポゾンに関する分子生物学的な研究に取り組んでいました．現在の私の仕事とは随分乖離があるように思われますが，基礎研究に対してはかなり強い思い入れをもっています．

Profile

株式会社ファストトラックイニシアティブ　マネージャー

安西智宏（Tomohiro Anzai）

1999年東京大学理学部生物学科動物学専攻卒業，2001年同大学大学院新領域創成科学研究科修士課程修了，2004年同大学大学院新領域創成科学研究科博士課程修了．日本学術振興会特別研究員（DC1）．博士（生命科学）取得．同年アーサー・D・リトル（ジャパン）株式会社入社，1年9カ月にわたるコンサルティング業務経験の後，2006年より現職．2008年10月より東京大学グローバルCOEプログラムおよび東京大学トランスレーショナル・リサーチ・イニシアティブ機構の特任講師を兼任．東京大学薬学部非常勤講師．

キャリアパス

大学院（博士） → コンサルティング会社 → ベンチャーキャピタル／大学（非常勤講師）／大学（特任講師）

実は，大学4年生のときには就職活動をこっそりやりました．産業界への好奇心もありましたし，社会と接点をもつという絶好の機会なので，マスコミ，商社などあらゆる業界を受けました．そのうえで，やはり自分のキャリアの軸足は研究におきたいと考え，大学院に進学することを決意しました．大学院は新領域創成科学研究科というところに入ったのですが，私はそこの1期生になります．新領域という名前通り，いろんな分野の先生が参画しており，しかも立ち上げ早々でしたので，どんなカリキュラムを提供すべきかなど，教員側も手探りの状態だったと思います．そのなかで，教員との交流や学生同士の連携などを学生側で主導してきた経験があります．いろんなバックグラウンドをもつ学生さんやさまざまな分野の先生方と連携する機会が得られたのはよい経験でした．

　また，大学院の5年間で共著を含めて4報論文を発表したのですが，特にMol. Cell Biol. に掲載された1報目はいろんな方々に注目していただいて，海外からも結構問い合わせがありました．それによってできた国内外の研究者とのネットワークは現在に至るまで貴重な財産であると考えています．

　私の恩師である藤原晴彦先生は，今も新領域創成科学研究科で昆虫の研究に従事していらっしゃいますが，研究成果の実用化ということにもセンスをお持ちの先生でした．先生からは，特許の取得がディフェンシブな効果を有し，結果的に研究活動を加速させる利点があることを伺い，私も博士課程のテーマで発見したものを商業的に応用することも視野に入れて研究活動をしていました．その過程で東京大学TLOの方と特許に関して話をしたり，その研究の中身を対外的に説明したりする機会も得ました．ただそのような活動をしつつも，研究を本分とする研究者や学生が実験をストップさせ，特許のライセンス活動のために相当の時間を割かなければならないというのは本末転倒ではないか，との思いがありました．それに，ビジネスの話となると大学の研究者は圧倒的に知識が少ないので，なかなか対等な立場でのパートナリングができない，つまり結果的に産業界の言いなりになってしまうのでは，との危機感を当時からもっていました．

大学を，そして基礎研究を何とかしたい

安：学部のときには就職活動もしていたぐらいですから，産業界に興味がありました．それに学位取得までに自分のテーマを見出し，それをある程度やり遂げたという自負もあり，次のチャレンジとして，ぜひ大学に埋もれた研究成果が日の目を見られるような事例をつくりたいと当時は強く思っていました．私は，基礎研究領域にこそ世界を驚かせるような事業化シーズが眠っているのではないか，という仮説をもっています．昨今，大学での研究がすべて応用研究寄りにシフトしてしまっている感が否めない状況ですが，本来，研究を担うという面での大学の役割についてはもう少し長いスパンで考えていくべきではないでしょうか．

能力は高いのに研究対象が非常に基礎的だという理由でなかなかグラントが取れないなど，研究生活を続けていくのに苦労している後輩たちを見てきましたので，彼らが適正に評価され，事業化の際にはきちんとその見返りが受け取れるシステムの構築が不可欠だと考えました．これをぜひ自分のライフワークにしたい，と．そう考えたときに，研究者として実績を出していくなかで既存の枠組みをプレーヤーとして変えていくという方法と，一歩引いた形でビジネスなどの異分野の知見を取り入れ，制度設計について外部から提言していく方法，という2つのアプローチが考えられ，私はその選択に迫られました．

結果的には後者を選んだわけですが，当時の私には「日本の大学を何とかしたい」という気持ちが強くあったんですね．大学は社会からのいろんな期待を背負っています．教育や研究はもちろん，法人化以後は経済的に自立を目指すことまで求められている．その一方で，非常に基礎的な部局と応用的な部局が同居しているという複雑な構造をなしています．例えば，文学などのように何百年と続く人間のあり様に取り組んでいるところがあるかと思えば，大学病院では日々患者さんを診療し，その日のうちに支払いを受け取るという行為が同時並行で成り立っているわけですから．そういう活動を一様に取り扱わなければならないという，経営的観点からもチャレンジングな場なのです．大学に思い入れはありましたが，大学からは少し離れた立場から産業化の事例をつくっていきたいと思うようになりました．

　大学院修了後に入社した経営コンサルティング会社では，主にバイオ系企業をクライアントとするプロジェクトを担当しました．その一方，それまで全く知識がなかった業種も取り扱いましたが，実はこちらの方が勉強になり，その後の自分の血肉になったような気がしています．つまり，自分の視野の狭さを思い知っただけでなく，医薬やバイオ業界の特殊性や普遍性を知るいい機会になりました．チームメンバーや外部の方々の力を借りながら1つのプロジェクトを実行していくのは，知的にも体力的にもチャレンジがあり，大きな充実感のある仕事でした．

　今は，バイオ・ヘルスケア系ベンチャーに特化したHands-onタイプの経営支援を行うベンチャーキャピタルでマネージャーをしています．コンサルタント時代とは違って，投資資金を扱いますし，われわれが投資するベンチャー企業にかかわる方々というのはこの事業や技術に人生を懸けているわけですから，とても責任の重い仕事です．

研究者はコンサルタント向き？

　三：経営コンサルタントになる人というのはどんなバックグラウンドをもっているのでしょうか．

　安：学部卒から，私のような博士課程修了者まで採用されますし，文

系理系が半々という印象ですが，業界全体でみると理系の方が若干多いかもしれません．日本国内では製造業の企業をクライアントにする場合が多いので，プロジェクトの検討内容が技術系ということも理由の1つだと思います．それ以上に，コンサルティングという仕事は研究に似ているということが大きな要因だと思います．コンサルタントはクライアントが自社の問題点もわからない，そんな漠然とした状態の中でその原因を見つけ出すという，いわば「会社のお医者さん」のような立場です．問題点を抽出し，データを活用して検証し，その解決方向性を示すことでトップマネジメントの意思決定をサポートします．その点では研究者も，科学的に未解決な分野で自分の仮説を実験で検証し，その結果を学会でプレゼンテーションするわけですから，アプローチとしては非常に近いといえます．採用側も研究でそういう経験をした人を即戦力として求めている面はあると思います．

　一方で，文系の人たちに求められるのは，瞬時の頭の切れですね．言われたことを即座に整理したり，それを一目瞭然なプレゼン資料にしたり，会話のなかで新しい仮説を見出したりといった点では全くかなわないな，と思わされることも多かったです．プロジェクトチーム内では両者がバランスよく配置されているという感じでした．

人間力の試される泥臭い仕事

　三：次にベンチャーキャピタルに移られたわけですが，そこでのお仕事を具体的に教えてください．

　安：ベンチャーキャピタル（以下VC）というとイメージが湧きにくいと思いますが，VCは投資家の方々からお預かりした資金の運用主体であり，預かったお金を増やして投資家に戻すという点では，投資信託といった金融商品と同じ位置づけです．ただ，投資する先がベンチャー企業であり，その企業が成長して上場したり企業に買収されたりした結果としてリターンがある点に特徴があります．日本にあるVCは，特定の業種に特化したり，特定の企業にのみ集中投資するというタイプではなく，分散投資をしてそのなかから1つでも2つでも当たればいいという

ポートフォリオ型の投資活動を行うVCがほとんどです．ただ，われわれは全く逆のタイプで，バイオ系のバックグラウンドをもち，製薬企業や経営コンサルでビジネス経験をもった人間が数多く参画し，厳選された投資先に集中的に経営支援を行う，という特徴をもっています．

　具体的な仕事内容は，新しい投資先を見つけてくることと投資先に経営支援をすることの2つに大別されます．新しい投資先を見つけてくるパターンはさまざまです．例えば，新しいシーズを携えてベンチャー化したいという相談を研究者から受け，実際にどういう形でベンチャー化すればいいかを議論のスタートとすることもあります．ベンチャー化すると決まれば，企業の立ち上げや経営チームの組成など，かなり泥臭い仕事もありますが，そこをむしろ積極的に支援させていただいています．キャピタリストには技術を理解して研究者の方々と意思疎通するだけではなく，技術の市場価値を最大化させるための弛まぬ取り組みが求められます．市場性を見据えてビジネスプランを描いたり，大企業のサポートが必要な場合などにはその間を取り持ったりといったこともやります．

　ベンチャー化のポイントを挙げるとすると2つが考えられます．まずは何といっても技術です．特許ももちろんポイントなのですが，技術としては非常に面白いものの，それ単独ではなかなかビジネスとしては成り立たないケースが数多くみられます．八百屋さんを例にとると，バナナだけを売っていた場合，バナナが調達できなくなった場合やバナナが売れなくなったときにどうするのかというのは大きな問題ですよね．われわれは単一の製品しかないベンチャー企業を「一本足ベンチャー」と呼んでいます．複数の商材をもっているか，あるいは単一の商材であってもいろいろな分野に応用できるという場合でなければ，ベンチャー化する意味は見出せません．ベンチャー化するより単独技術として既存の企業にライセンスした方がいいケースの方が圧倒的に多く，実はベンチャー化するということは最もハードルが高い選択肢なのです．

　もう1つは，人ですよね．技術が二流でも経営陣が一流ならばなんとかなってしまう，と言うこともあるくらい，誰が経営するのかというのは大きな問題です．われわれも経営陣を採用するのにかなりの時間と労

力をかけています．すでに社会的にある一定の評価を受けている経営者候補の方々に，まずそういう機会があることを気づかせ，その技術の魅力に共感してもらい，やる気にさせる．人生を懸けてもらうのですから，両者とも真剣です．その技術に関する将来性についてディスカッションしていき，事業の方向性をすり合わせしていきます．技術そのものの特性と経営者，この2点がベンチャー化のキーとなるところです．

　実際に投資を実行し，私が経営支援を担当している例もいくつかありますが，私とわれわれの仲間がそのネットワークの中からスカウトした人材が経営していますので，こちらとしても責任が大きいですね．ご本人にとっても大企業にいた頃とはサポートの体制も違いますし，かかるプレッシャーも違ってきます．例えば，大企業の方というのは，株主のプレッシャーを直接感じるといった機会はなかなかないでしょうが，ベンチャー企業では株主との対話は非常に頻繁です．

　そういった意味では，キャピタリストというのは人間力を問われる仕事だと思います．以前のコンサルティング会社のときは，理路整然とプレゼンをして，経営者の方々に確信をもって判断いただけるようにする，黒子のような役目をしていました．一方，現在の仕事は「金融」というとかっこよく聞こえますが，その中身はいろんな人に会い，話をし，説得し，なだめすかし，ときには叱りといったことをやっていかないと前に進めないという地道な仕事です．

　ベンチャー企業を立ち上げるためには，人を連れてきたり，権利関係を整理したりといろんな調整が必要であり，現在の日本の事業化環境下では苦労も尽きません．ただ，最近は事業化や特許化に対する大学の先生方のマインドも変わってきていることを感じることもしばしばです．こちらが博士号をもっていると知ると，研究の話が理解できる人間だと思ってくださるので，先生方が胸襟を開いてお話くださることはよくあり，博士号が活きていると実感します．また，大学発ベンチャーというのは，あくまでも先生方の研究活動があってこそですので，先生方とは運命共同体です．ですので先生方には事業化のメリット・デメリットについて充分に説明しておくことが重要です．特に考えられる懸念事項な

どについて事前に共通認識をもっておくこと，これは，ビジネスプランの作成に匹敵するほど大切なことだと思います．

ベンチャーに求められる人材

三：ベンチャー成功のカギは，人材だということですが，今の日本で必要とされる能力を満たし，かつ起業化のリスクを負ってくれるような人は見つかるのでしょうか．

安：そのような有能な人材獲得が可能になっているのには，積極的な理由と消極的な理由とが混在しています．まず，医薬品業界のなかで企業同士の合併あるいは研究所の閉鎖などが進んでおり，結果的に高い専門性をお持ちの方が人材市場に流入してきているという消極的な理由があります．ただ，ベンチャー企業が求める経営人材というのは，専門分野に秀でていることは必要条件ではありますが十分条件ではありません．リスク管理やステークホルダーマネジメントといった包括的なスキルを有することの方が重視される場合も多く，そうなると例えば製薬企業のなかでもこのような経験をもっているのは，経営者でもない限りはごく一部の部署の方々に限られるのではないかと思います．

一方で，積極的な理由とは，手前味噌ですが，われわれキャピタリストの活動によるものが大きいと思います．われわれが投資対象としているのは世界に誇れる日本発の技術シーズや，患者さんの深刻な医療ニーズに応えられるものです．社会のニーズに迅速に応えたいが大企業ではスピード感が足りない，といった強い思いを抱えていらっしゃる方が，「この技術ならば世界にも一矢を報いられる」といった考えを共感し，ベンチャー企業に飛び込んでくださるのだと思います．大企業のような安定した待遇をご用意できないにもかかわらず参画してくださる理由は，理念やビジョンが共有できているからだと思います．

そういった方々との真剣なコミュニケーションのなかで，その技術の魅力や私自身のキャリアなど，さまざまなことをお話します．新しい挑戦をしたいというアントレプレナーシップをもち，本質的な課題がわからないなかで問題解決する意気込みをお持ちの方というのは，どんな業

界にいても活躍できる人ではないかなという気がします．われわれは，医薬品，医療機器，ヘルスケア業界などの方々とのお付き合いを通じて技術的動向などの情報交換をしています．人材派遣会社に依頼して人を探すよりは，そういう日頃のお付き合いで育まれた信頼関係のある人たちから太鼓判を押された人をスカウトする方が何百倍も安心できる，というのが実感です．

バイオが本当に産業になるには？

三：学生もポスドクも，おそらく大学の先生方も気になっていると思われるバイオ産業の将来性って，はっきり言ってどうなんでしょうか．

安：私は長期的には楽観視しています．バイオベンチャーという切り口で考えますと，以前にはグローバル市場で成果を出せていなかったのは事実です．ですので，これまでの国内金融市場での評価が実質と乖離した状態であったのだと思います．それが最近では，海外企業とのアライアンスや大企業との契約を結べるようになってきており，プロの目から見ても評価できるベンチャー企業が随分出てきました．少しずつ事業化の道ができつつあるのかなと思います．

またバイオ産業と一口に言っても今は医薬品に限らず，食品，化粧品，診断等いろんな領域に裾野が広がっています．一般消費者は自分にとって好ましい，嬉しいと思える製品の提供を受けて，初めてバイオ産業を評価してくれるのだと思います．国内バイオ産業も10年，20年経ってようやく成果が目に見えるようになってきましたので，消費者もそのメリットを享受することによって，喜んでその対価を支払うようになるものだと思います．そのように資金が循環してこそ初めて産業と言えると思います．

若い方々も「出身が薬学部だから医薬品業界に就職だ」などと固定した考えに捕われずに，キャリアの可能性としていろんな産業に目を向けてほしいですね．これまでになかったようなチャンスがあるかもしれません．バイオ系の人材がいろんな活躍の場を開拓していくことがバイオ産業全体の発展にもつながると思います．現在，日本の医療を革新できるようなリーダー人材を育成するための東京大学の教育プログラムにも

参画しており，少し長期的な視点からもバイオ産業の底上げを図りたいと考えています．

　今，短期的には新興産業全体は，バイオに限らずどこも苦しい状態です．それは金融市場の影響が否めませんが，そんななかでこそ腰を据えて実体経済で価値を創造していくことが必要だと思っています．日本には，その素材となるいい技術がたくさんありますから．

　三：最後に，キャリアに多くの迷いがある若い人に何か助言をいただければと思います．

　安：コンサルティング会社ではコンサルタントが新入社員の面接を担当します．そのときに会社の先輩に「採用面接で何を見ているんですか」と聞いたことがあります．そのとき，「将来の目標は何ですか？」と「この会社に入社することはその目標にどうつながっていますか？」という2つだけだ，という明快な答えが返ってきました．将来の目標というのは「お金を儲けたい」とか「家族を幸せにしたい」など人それぞれだと思いますし，そこに貴賤はないのだと私は思っています．ただ，10年，20年単位で時間をかけるだけの揺るぎない目標というのを皆さんもっておられるでしょうか．その目標と今の仕事，そして今後のキャリアがどのようにつながっていくのか，明確に説明できるでしょうか．これは巷にあふれるキャリア本が答えを教えてくれるわけではありませんので，自分でよく胸に手を当てて考えてみて，自分自身が納得する答えを見出すしかないのです．自分が腹落ちしていれば，家族や友人，そして面接官を納得させるのはそれほど難しくありません．何か迷いが出てきたときにもうひと踏ん張りできるかどうかは，揺るぎない目標と自分がそれに向かっている実感をもっているかどうか，それが非常に重要だと思います．

～インタビューを終えて～

アカデミックな研究職かそれ以外かの二者択一と思いがちですが，そもそも自分は何を実現したいのかという目標のもとに，それをどう実現していくのかを考えるべきであること，たくさんある選択肢の1つが研究なのだということを再確認しました．

（聞き手：三浦有紀子）

8. 研究者の新しい立ち位置
～日本型ファンディングエージェンシーを目指して～

――笠岡（坪山）宜代 博士
（独立行政法人 国立健康・栄養研究所）

研究者だからこそできるパイプ役

三浦（以下 三）：現在のお仕事に至る経緯を教えてください．

笠岡（以下 笠）：1999年に国立健康・栄養研究所（以下栄養研と略）に採用されたときは国家公務員でしたが，ご承知の通り2001年に独立行政法人化し，今は国からの補助金で雇用されている公務員に準ずる立場です．元々は分子生物学的手法を用いた基礎的な栄養学研究をしていましたが，2007年度に1年間，米国NIHのNCI（がん研究所）に留学する機会を得て，帰国後は国際産学連携センターの所属となりました．

　抽象的にはなりますが，栄養研の研究をいかに発展させるべきか，日本の栄養学研究をどのように進めていくべきか，そしてその成果をどのように国民に還元していくのかを考え，実践することがミッションです．

独立行政法人 国立健康・栄養研究所　国際産学連携センター　上級研究員

笠岡（坪山）宜代（Nobuyo Tsuboyama-Kasaoka）

1991年東京家政大学管理栄養士専攻卒業，1993年同大学大学院修士課程修了，1997年高知医科大学大学院博士課程修了．博士（医学）．1997年4月～1998年12月までヒューマンサイエンス振興財団流動研究員，1999年1月～7月まで科学技術振興事業団科学技術特別研究員を経て，1999年8月より国立健康・栄養研究所臨床栄養部研究員．在職中の2000年12月～翌年3月までハーバード大学に，2007年4月～翌年3月まで米国NCI/NIHの Extramural Section に留学．2008年4月より現職．

キャリアパス

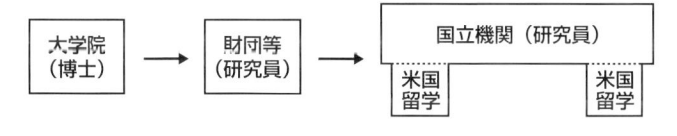

大学院（博士） → 財団等（研究員） → 国立機関（研究員）［米国留学／米国留学］

今，私が仕事として絶対に外せないと思っていることの１つに，研究成果を栄養専門職の現場に届けたり国民に広く知らせること，つまり研究成果発信のパイプ役になることです．

　1年間お世話になっていたNIHでは，Extramural Sectionに所属していました．NIHにはご存知の通り，基礎系のラボ（Intramural Section）もありますが，研究者数でいうと同じくらいの規模のExtramural Sectionがあります．NIHに所属する研究者約6,000名のうちの約半数がここにいます．

　Extramural Sectionに所属している研究者を，私は勝手に「研究者役人」と呼んでいますが，彼らは，研究をオーガナイズしたり，研究推進の方向性を決めるといった非常に行政的な仕事を担っています．一番の任務は，外部の研究者への研究資金配分，ファンディングです．全米はもとより海外に至るまで数多くの研究者がNIHのファンドを獲得して研究をしています．

　このファンディング機能の基盤は，今後NIHがどのような研究を進めていくべきなのか，世界の生命科学研究はどういう方向へ進んでいくべきなのかを常に考えているところです．その考えの下にファンディングは行われています．具体的に申しますと，現在，いくつもの研究が進められているなかでも，まだ手をつけられていない部分あるいは手薄な部分，リサーチ・ギャップと言われるものがあり，それを見出すことが最も重要な仕事です．このリサーチ・ギャップをいかに埋めていくのか，そのためにはどのようなアプローチが有効かということを探り出すのが次の仕事になります．ここでは大変な労力をかけて情報収集が行われています．膨大な量の論文をレビューすること，学会ほかさまざまな会合に出席することなどを通じて，今フォーカスしている分野の何がどのあたりまでわかっているのかをとことん頭に叩き込みます．そういうことを，該当分野で研究を極めた人たちがやっているのです．こういう機能を日本では見聞きしたことがなく，私にとっては非常にセンセーショナルなものでした．中に入って仕事をしていくうち，日本に足りないものはまさにこれなのではないかと思いました．

「研究者役人」の魅力

笠：とは言いつつ，この機能の重要性を認識するのに3カ月かかりました．正直なところ，仕事の中身についてほとんどわからない状態で赴任し，最初は他人にお金を配ることの何が面白いんだろうと思っていました．今まではそういうお金をもらう立場でしたから，配り方が重要だとは思ってもその作業が面白いものだという認識はありませんでした．毎日のように会議が開かれ，そこで延々とディスカッションが行われるのですが，彼らにとってはまさにそれが仕事でした．自分の担当する研究分野について，何が足りないとかどこが重要だとかやりながら新しいグラントをつくっていくことで，彼ら自身は手を動かさないけれども，確かに研究者としての仕事をしているんです．私も1年間に150回以上会議に出席しました．彼らは情報収集やディスカッションで得た知見をもとに，この研究はいかに重要であるか，グラントを付ける価値があるのかを説明するのです．

グラントに応募してくる研究者に対しては，その申請内容についてコメントをします．研究を実行する相手とのやりとりによって，その研究をよりよいものに発展させていくという役目があります．そのやりとりのなかで時にはNIHの目指しているものを説明し，より政府の意向に沿ったものにしていくといった作業も行っています．このような研究者側との密接なやりとりによって各々の研究のレ

ベルアップに貢献しているのです．一人の担当者が時には100人以上の申請者を相手にしていますが，この研究者にはこの部分をこちらの研究者にはあの部分をやってもらおうという計画を練って，その研究分野全体を俯瞰しています．実際に手を動かしているわけではないのですが，非常に大きな研究プロジェクトを遂行していることになります．

　こういったことを3カ月経ってようやく理解しました．これはまさしく私が求めていたものでした．実際に実験をして結果を出すことも科学者の仕事ですが，これも紛れもなく科学者の仕事だと思いました．このシステムの素晴らしいところを理解してからは，馬車馬のごとく突っ走りました．それと同時にこの仕事には，それぞれの専門性と全体を見渡せる能力，皆を引っ張っていく能力，研究者のポテンシャルを引き出す能力など，いろんな能力が必要だと感じました．

自分のアイディアを実現していくシステム

　三：お話を聞いていると，まずは何よりディスカッション好きでないと務まらないような気がしますが….

　笠：確かにそうですね．日本の研究者にありがちなタコ壺的な人たちもいるんですが，向こうはどちらかと言えば出て来たがる人の方が多いので，そういう人たちをうまく活用していると感じました．いい研究者を見つけて，組織化して，自分がやりたいと思う研究を先導するというシステムをうまく利用しているのです．グラントのリスト，受託者と課題タイトルを見れば，誰が設計したグラントなのかがわかります．彼もしくは彼女の会議中の発言などを聞いているうちに，その人の興味があるところは自然にわかってくるので．

　こう言ってしまうと，あたかもProgram Directorなど「研究者役人」がすべてをコントロールしているかのように聞こえてしまいますが，関連分野にいる多くの研究者の声を聞き，彼らのプロポーザルの中身について話し合い，時にはNIHの意向を説明しながら…というある種の調整作業のなかで，よりよく研究を進めることに貢献しているということです．彼らはサイエンティストであるという自負をもっているし，研究者

側もそれを認めているという相互認識のうえで成り立っているシステムです．研究をするにあたってより高いところを求めれば，それ相応の研究費も必要になってきますから，大きなグラントを申請することになるでしょう．もし，不採択になった場合にはProgram Directorが，その原因等を教えてくれますから，彼らの話を聞いた方が得なのです．そこで，NIHの方針などを説明していき，それを聞いて納得した研究者がプロポーザルを改訂すれば，2年後，3年後にはその結果が論文として公表されていくことになり，その分野が期待通りに発展するという双方にメリットがあることが，このシステムがうまく機能している理由でしょうか．同じ土俵にいるPh.D.だからこそ，そこまできめ細やかに研究者に助言できるのでしょうし，研究者が納得するような説明ができるのだと思います．

　残念ながら，日本では研究費を出すのは完全な役人で，今述べてきたような助言ができる人も少ないでしょうし，研究者が納得するような説明ができないと思われています．これについては，システム全体の話になってしまいますね．

日本でこれから実現したいこと

三：栄養研に採用された当初は，どのようなキャリアプランをおもちだったのですか．

笠：ずっとラボ現場の研究者でいるという気持ちがなかったわけではありませんが，いつもパブリックに対する説明責任を意識していましたし，特に栄養学分野にいるということで，医療などの現場にいる栄養士，医師，薬剤師，保健師の方々の活動に寄与したいという思いはありました．それで，40歳くらいまでは基礎の研究者でいて，それから先は何か考えてみようと思っていたんですね．何が何でも基礎の研究者で居続けるというしがみつくような思いはありませんでした．

　日本だと研究室のトップとか大学の教授にならないと，Ph.D.としては負け組みたいな風潮がありましたが，何かそれを打破したいなというのもありました．別の道での成功者があってもいいんじゃないかとい

う思いは頭の片隅にありましたね．それが，先のNIHでの経験で具現化されたというか….これは私が納得できる形の成功事例だと思いました．手を動かして実験するわけではないけれど，確かに研究をオーガナイズし，日本全体の研究のベースアップもでき，そしてパブリックにも還元できるという最高の形ではないかと．これを日本で実現したいというのが今の私の希望です．

　栄養研は2010年度に統合される予定ですが，統合後については不透明な部分があります．ある意味，不安定ではあるんですが，不安はあまりないですね．むしろさらなる飛躍のチャンスと捉えています．他の機関と統合することで1＋1が2以上になる可能性もあると….不安な気持ちより，何か今までにはなかったことに取り組まなければ，これから先の整理・統合に立ち向かえない，そのために今から何かやり始めなければいけないという気持ちの方が強いです．やはり，今までのシステムや研究者としてのあるべき姿を見つめ直し，変えていくべきだと思います．そう考えると，これまで説明してきたような，その分野全体を見据えてその方向性を考えていくような機能が足りないと思えます．そこにある程度の研究者が張り付くことも必要ではないかという気がしています．

　すでにご承知のように，われわれの研究所は栄養学研究ではトップレベルだと思いますし，研究者一人一人のアビリティも非常に高いです．しかし，如何せん1つ1つの山は高いけれども，各々の山の高さを一体化できていないという弱点は否めません．そこを何とかしなければならないというのは喫緊の課題だと思っています．ナショナルセンターの独法化を機に，日本版NIH構想が練られ，そこにNIHのようなファンディング機能ももたせるべきではないかというアイディアもあります．そこに研究者が入り込んで長期的展望に立った研究の企画・立案や研究費の配分に力を発揮していくという潮流はこれから起こってくるはずですので，そこに栄養学研究の旗を立てたい．そのためには今から準備しておかなければならないという思いがあります．

研究者の意識を改革するために

笠：とにかく，栄養学に限らず，研究者がこういったファンディング機能に貢献することにもっと意欲を示さなければならないと思います．もし，ほかの研究所にこういったミッションをもってやっている研究者がいたとしても，研究所の雑用とか窓際的な気分でやっているとしたら，本来の機能は果たせないですよね．自分たちがその分野の研究をリードしているのだという気概が必要だと思います．と，ここまで思えるようになったのもNIHのExtramural Sectionで1年間働くという機会に恵まれたからであって，働いて3カ月まではそんなふうに思えませんでした．もしNIHのファンディング機能を本当に理解したいと思ったら1～2週間の視察レベルで済ませるのではなく，何カ月か居てそこで実際に活動させてもらうべきではないかと思います．とは言っても，NIHのExtramural Sectionが外国人に非常にオープンであるというわけでもなくて，私はたまたまラッキーだったという気もしています．まずは，こちらの目的を充分に説明して受け入れの体制をつくってもらえたらと思います．

ポスドク1万人計画の後，博士号取得者のキャリアパスを多様化しなければならないと言われていますが，主としてすでにある職業，例えば企業研究者などの話に終始していますよね．国としてせっかく育てた頭脳を既存のシステムの中で活用するばかりではなく，こういった新しい機能に活かそうというアイデアもあっていいんじゃないかと思います．こういう道もあるんだと示すことで彼らを引っ張り上げる．すると，研究者のコミュニティも活性化すると思います．

ただ，学位を取ってすぐあるいはポスドク経験だけでやれる仕事ではないというのは明らかで，NIHでも30歳代後半から40歳くらいにかけて，PIでずっとラボで行く人とこちらの行政的な仕事にシフトする人とに分かれてくるという感じでした．自分でグラントを取れるくらいにまで成長した人でないとなかなか務まらないのは事実です．それでないと他の研究者に対するレビューやアドバイスはできないからです．しかし，

いったんシフトしてしまうと原著論文が出なくなるという，彼らがキャリアチェンジに二の足を踏んでしまう要因もあるわけです．じゃあ，いったいどうしているのかといえば，いくつか対策があって，その1つが自分でラボを主宰しない状態でポスドクをもち，その人をどこかのラボに引き受けてもらって，彼らがfirst authorで自分も共著者になるというやり方です．この場合ポスドクの雇用経費などを自分が関与したファンディング以外から獲得しなければならないのですが，細々とでもサテライトラボを使って原著論文を出し続けるタイプがあります．もう1つは，リサーチ・ギャップを探す作業によってたくさんの論文に目を通すことになりますから，総説を書けるようになる，それを業績とするタイプです．

甘く見ていたワークショップ開催

三：NIHにいた1年間で実際にやった仕事について教えてください．

笠：渡米前から言われていたのは，「ワークショップを開催しろ」，そして「そのテーマは自分で見つけろ」ということでした．自分の興味がある分野でリサーチ・ギャップを見つけて，それに関するワークショップを開催すればよいということなので，最初はとても軽く考えていました．日本だとシンポジウムとかワークショップって，とても簡単に開催していますよね．

　実際には半年から1年かけて入念に準備をしたうえで当日を迎え，開催後にはまた内容の濃いディスカッションを経て報告書を仕上げるという作業が待っていました．テーマの絞り込みの段階では，これが今回のワークショップの主題として相応しいのかどうかを話し合い，次にはこのテーマを議論するには何が必要なのかを考え，話し合います．これだけ入念に準備をするから，開催後のディスカッションもあれだけ盛り上がるんだなということを実感しました．ワークショップをオーガナイズさせてもらえることがどれほど意義深いものかというのを渡米前には全く理解していませんでしたが，自分がオーガナイズしたワークショップが無事終了したときには涙が出るほど嬉しくて，ボスに心から感謝しま

した．

　ワークショップ開催がリサーチ・ギャップを見つけるための有効な手段でもあるので，私たちの仕事としてはとても重要なんです．ワークショップを開催したいとなったら，まずはプロポーザルを出してその費用を獲得するところから始まります．私はがんと肥満の関係についてのワークショップを提案したのですが，肥満はがんのリスク・ファクターであることは米国内では認められているので，その次の段階，なぜ肥満がリスク・ファクターになるのか，さらにはがんの種類によって全くその傾向は異なるけれども，それがなぜなのかを明らかにしたいというプロポーザルを書いて，3万ドルをいただきました．実際のグラントをつくる準備の段階に3万ドルを支出してくれるんです．しかも外国人の提案に….

　最初は甘く見ていたので，適当に講演者候補をリストアップしてボスに見せたら，「コンセプトが見えない」といって却下されました．いろんな人にインタビューしていろんなところから情報を集めることを要求されたのです．目的から目指すゴールまでを明らかにしていく．リバイスは30回くらいになったでしょうか．そこまで練り上げていく必要があるのは，確かにこの結果が次のグランドにつながっていき，それによって研究をリードしていくからなのです．とても魅力的な仕事です．

まずは，この仕事の魅力を知ってもらうこと

三：このシステムを日本に根づかせるためには，何が必要だと思われますか．

笠：NIHのファンディング・システムを理解しているのは，まだまだ一握りの人たちでしかありません．帰国後，所内や所属学会の若手の会等で帰朝報告をした際にも多くの研究者から，そんなところがあるなんて知らなかったとか，多くの科学者がそこで仕事をしているなんて驚いたという声を聞きました．まずは，情報発信することが重要ですね．

　彼らがファンディング・システムをオーガナイズしていると聞くと，全体をオーガナイズしているのかと錯覚してしまいがちですが，実は各

人がオーガナイズしているのは非常に狭い範囲であって，それぞれが専門性を発揮してオーガナイズしているものをさらに大きく組織化する機能があるのです．多くの人たちが支えている結果として，このような大きなファンディング・システムが成り立っているということです．例えば，私でしたら，がん研究所に所属して栄養学分野を担当していましたが，「がんと栄養」に関する研究といってもたくさんの項目があるわけです．セレンやビタミンD摂取との関係や乳がんと脂肪といった具合に．一気にすべてを網羅しようとはせずに，重点領域を決めてその分野でトライアルとして進めてみるといった工夫も必要かもしれません．

研究者が昨日まで実際にやっていた研究の領域内でニーズを探す場合なら，スムーズな移行も可能でしょうが，いきなり広い範囲の「がんと栄養」を担当しろと言われてもできないですよね．ヒューマン・スタディもあれば細胞やマウスを使った実験もある．疫学調査だって入ってくるんですから．

研究者は従来から自分の領域内の競合相手の動向などには絶えず注意を向けていますから，その延長上の仕事として，リサーチ・ギャップを見つけたりすることは容易なのです．あくまでも今までの経験が活かせる範囲の仕事を任されるわけです．この仕事に移ったといっても，実際に手を動かして実験をしないというだけで，それ以外の作業は今までと全く同じなのです．彼らは細分化された一部分を担当するので，NIHは対象とする研究分野を網羅するために3,000人近くを雇用するということになるんだと思います．

われわれのような研究所が言われたのは「大学でできる研究をわざわざ国研がやる必要はない」ということでした．国の研究機関ならではの機能を担うべきという要請に応えるために，政策と一体となり政策に反映させられるような研究や大規模治験，そしてこれらを率いていくファンディング，こういった機能の強化があってもいいのではないでしょうか．それには，研究者としてトレーニングされた人材が絶対に必要なのですから．

今述べてきたようなことは理想にすぎません．すぐには変わらないか

もしれないけれど，アクションを起こさないといけないと考えています．研究者の新しい可能性を切り開いていくチャンスです．今はまさしく国研が新しい機能をもつための過渡期だと思います．

三：組織が変革を迫られているこの機会をチャンスと捉えて，新しいことに挑戦しようとしていらっしゃる立場から，これからキャリアをスタートさせる若い人たちに何かメッセージをいただけますか．

笠：次に何をしようかと考えるのは，今やっていることで納得のできる結果を出してからにしてくださいということです．気持ちが落ち着かない状態でふらふらしながら考えてもよい選択はできないと思うんです．まずは，目標を定めて一生懸命やってみる．傍から見てその目標が高いか低いかなんてことは気にしなくていいです．そうやって頑張った先に，次にやるべきことが見えてくるという気がしています．

～インタビューを終えて～

キャリアパスの多様化と言ってしまうと，ポスドクや任期付といった若手だけの話と思われがちですが，そうではありません．所属の組織に対して自分がどんな仕事で貢献できるのかを考え，研究者の職務を多様化していくことが重要であることを笠岡さんのお話から学びました．（聞き手：三浦有紀子）

第4章　実録　バイオ博士人材の多様なキャリアパス

9. 納得がいくまであきらめないことで開けた道

——東　義明 博士（University of Kansas）

自分の疑問を解く研究がしたかった

三浦（以下 三）：修士でいったん企業に，しかも研究職で就職しているのに，大学院に入り直されたのはなぜですか．

東（以下 東）：いくつか理由があります．そもそも，出身大学院には前期課程しかなかったので，そのまま後期課程に行くという選択肢がありませんでした．当時は大学院大学ができつつある頃で，別の大学院を受けることも不可能ではなかったのですが，いろいろと考えた挙句，研究をやるなら企業でも変わりはないという結論に達しました．しかもその頃，基礎研究をやれそうな研究所をある製薬会社が新たにつくるという話を聞き，そこを受けたら採用してもらえたこともありました．

入社前は，創薬を目指した基礎研究をやらせてもらえるという話だったのですが，いざ入ってみると少し話が違っていました．その理由は誰も教えてくれなかったのですが，まあ別の部署でも楽しくやれていまし

University of Kansas, Assistant Professor

東　義明 （Yoshiaki Azuma）

1988年静岡大学理学部生物学科卒業，1990年静岡大学大学院理学研究科修士課程修了．1990〜1991年日本グラクソ株式会社研究員を経て，1996年九州大学大学院医学研究科博士課程修了，1997年博士（理学）号取得．1996年九州大学大学院医学研究科助手，1997〜2003年米国NIHにてポスドク．2003〜2005年同リサーチ・フェローを経て，2005年8月から現職．

キャリアパス

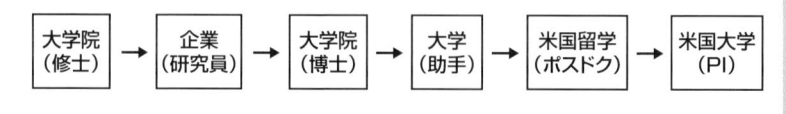

大学院（修士）→ 企業（研究員）→ 大学院（博士）→ 大学（助手）→ 米国留学（ポスドク）→ 米国大学（PI）

たので，ここで頑張ろうと思って自分なりに勉強しました．でも，勉強して疑問が湧いたとしても，それで終わりという感じだったんですね．会社で興味をもってもらえるのは目前の薬に副作用があるのか否かというデータだけでした．会社の要求に応えていれば，毎月お給料はいただけるし，ある意味ラクな人生になるとは思ったんですが，やはり，基礎研究をしたいという気持ちを抑えられず，それならば博士号が必要だと思って，博士課程に行くことを決めました．

もう1つの理由は，入社直後に言われた「君たちは時間を会社に売っている」という言葉でした．それは正論なんですが，新人の頃にそれを言われて「それは，自分でなくてもいいということなのか」と感じ，能力を買ってくれるわけではない場所で一生を過ごしてしまうのは何だか虚しい気がしました．人生の楽しみをほかに見つけられる人なら，別にいいんでしょうが私にはしっくりこなかったのです．

修士の時代にいろんな知識を吸収するうち，最も興味深い研究対象ができていたのですが，その領域のなかで特に面白いテーマに取り組んでいらしたのが九州大学の西本先生でした．相談した静岡大学の恩師が西本先生に聞いてくださり，受け入れ可能という返事をいただけたのです．ちょうど，医学と理学の融合領域という位置づけで，大学院を再編された後だったようで，博士課程からでも受け入れてもらえたんです．ラッキーでしたね．

企業を辞めるときには「二度と企業には就職しない．少なくとも研究職では戻らない」と覚悟を決めていました．

一度は外国で研究をすべき

三：博士課程に入られて，どうでしたか．

東：入学後は，会社員時代の蓄えと日本育英会（当時）の奨学金，週1回のアルバイトで学費と生活費を工面していました．現在，育英会には月々借金を返済しています．無利子で貸してくださったんだから，ありがたいですね．ただ，米国から銀行口座を管理するのが結構大変で…．税金の問題で定期預金がつくれないので，こまめに口座の残高をチェッ

クしては送金しています，これは余談ですが．

大学院は楽しかったです．入った研究室はユニークな研究をしていましたし，絶えず世界に目を向けていたという点でも有意義でした．外国人研究者が実験のために滞在していたり，教授に対しても自由に議論できる環境だったので「研究するとはどういうことなのか」を学べたと思います．研究成果，端的にいうとどういうジャーナルに論文を掲載できたかという点では，私は失敗した方でしたが，博士課程で得られたものは大きかったです．当時は，指導教官から与えられたテーマをやっていましたが，こうして独立した今もそのときの議論から学んだことが活きています．

一度は外国で研究経験をすべきという恩師のすすめもあり，研究室の助手だった人が留学した穴を埋めるような形で助手をしていましたが，私も海外でポスドクをするのが当然と思っていました．学位の目処も立った頃，共同研究をしていた米国の研究者に「国際学会に参加するついでに，ラボを見学してみたいが行ってもいいか」と連絡したら，たった1行「じゃあ，セミナーをやってみないか」と，返事が来ました．悩みましたねえ．英語に自信がないのに，いきなりセミナーか…と．周囲に相談したら「いい経験になるからやるべき」と背中を押されて，やることにしました．行ってみると，丸1日びっしりとスケジュールが組まれていたんです．まず，話を受けてくれたボス（NIHのDr. Mary Dasso）と話をし，その後彼女の同僚PI数名からインタビューを受け，その合間にラボのメンバーと昼食，その後セミナーをし，また誰かと夕食をとる．これが，ポスドクインタビューでした．何とかそのスケジュールを

こなして帰国すると，Dassoから西本先生に「彼が学位を取ったらポスドクとして雇ってもいいよ」という連絡があったそうです．

　NIHは比較的日本人が多く，周囲の人たちも日本人は英語が上手じゃないことをわかっていて，忍耐強く下手な英語に付き合ってくれました．そういう環境で周りに打ち解けようと努力するうち，「あいつはなんか面白そう」と思ってもらえたみたいで，パーティに呼ばれたり，向こうから話しかけてくれるようになり，英会話はできるようになっていったという感じです．せっかく外国にいるのに，外国人の友だちをつくらなきゃもったいない，絶対しゃべれるようになりたいと強く思っていました．でも，未だに学生と話が通じないこともあります．特に彼らは若者特有の話し方をしますしね．

　高校の英語の成績は3でした（笑）が，とにかくしゃべらなければならない状況に自分を追い込んで，それを克服していきました．そのおかげで，いい友人がたくさんできました．

毒を食らわば皿までという心境で

　三：楽しいポスドク時代はあっという間に過ぎてしまいますよね．

　東：NIHには，ポスドクとして5年しかいられないというルールがありましたから，たいていの人は3年目，4年目あたりでポジションを見つけて出ていきました．逆に言うと，その頃にはPI選考に耐えられるような業績と実力を備えていなければならなかったのです．しかし，私の場合は4年を経過した時点で，サブ的な論文は出ていたものの自分のメインとなる業績はなかったので，ボスからどうするつもりだと聞かれました．米国に居続けるのか，帰国するのか．アカデミアでなくても，企業にもチャンスはあるよと．そうか，やっぱり業績が出ていないからそう言われてしまうのかと思いつつ悩んでいた頃，ある実験がびっくりするほどうまくいったんです．それは，順調に行けばとても面白い展開が見込めそうな可能性を秘めていましたが，1年ではやり尽くせないと思われるものでした．元々非常に手厚いサポートをしてくれていたボスは，私のこの状況に同情し，ポスドクの5年期限を越えて居続けられる手立

てはないものかといろいろ考えてくれました．たまたま運よく，テクニシャンが1人退職し，ラボの定員を1名分使える状況になったので，それを使ってResearch Fellowという連邦政府に直接雇用されるカテゴリーの立場を用意してくれたのです．

2年間のテンポラリーな職ではありましたが，その間にこのテーマをうまく発展させて成果を出せば，研究者としての次の仕事が得られるかもしれないと思い頑張りました．結果的にその仕事がうまくいき，自分の業績になったときには6年目に突入していました．そして，その段階でようやく就職活動を開始しました．

ただ，普通の人より回り道していたこともあって，日本での就職にあまり期待はできませんでした．学会でお目にかかった先生たちに相談すると「東くん，歳とってるねえ」と一言．ポスドクを終えたばかりの者が就けそうなポストは，たいてい35歳以下の人を求めているという現状でした．

できる限り研究職にアプライして全部ダメだったらあきらめようという開き直りはありました．自分で考えて研究を進めてきてここまでやれたという自負はあったので，後悔することはないだろうと思ったのです．この先，どうやって生活していこうかという心配はありましたが，妻がNIHで定職を得ていたし，米国なら学位をもっていれば何かしら仕事のチャンスもあるだろうと考えました．就職については，時間が許す限り精一杯やろうというだけです．

正直に言うと，日本での職には期待していなかったと言いつつ，いくつかお話をいただいてかなり悩んだのも確かです．でも，ここまで自分の考えで研究を進めてきて，これから自立して研究していくためにトレーニングを積んだのだから，PIとして独立したいという思いには勝てませんでした．ギリギリまでやってみようという気持ち，まさしく「毒を食らわば皿まで」という心境でした．

170件，応募書類を提出

三：実際の就職活動を教えてください．

東：就職活動期間は約2年です．最初の年は論文が出たのが9月，PI

募集のオープンシーズンがだいたい8月からで，出遅れたせいもあり70件，翌年は100件応募書類を出しました．毎週，NatureやScienceに翌年度着任予定のPI公募が出ているので，キーワード検索をして，アプライできるところは全部しました．外国人だから多かったというわけでもなく，米国籍の友人も同じくらい応募していました．人によって異なるとは思いますが，皆おそらく数十単位でアプライしていると思います．

　書類選考を通過すると電話がかかってきて，インタビューするから来いということになります．だいたい1日半から2日かけて，さっき言ったようなポスドクインタビューのロングバージョンをやられるわけです．朝食から誰かと食べて，30分おきに相手が代わるもののマンツーマンで面談を延々とやります．そのスケジュールのなかで，学生たちとのランチも設定されていますし，自分のこれまでの仕事内容についてのセミナーと将来ラボをもったときに何をやりたいかについて，つまりどういう内容でグラントの申請をするのかというセミナーも要求されます．

　今は採用する側にいるので内情もわかるのですが，募集1名に対して関係者から構成される選考委員会が立ち上がり，審査のセッティングから候補者のランク付けまでをやります．その後，最終候補者が絞り込まれる時点で，学部教員の3分の2以上の賛成が必要になります．実際，非常に真剣に，時間をかけて選びますね．

　学生とのランチタイムがあるといいましたが，学生のなかでも委員会が組織され，その代表者に審査に対する発言権があるんです．彼らとランチをしながら「どんな研究をしているの？」，「学部の様子はどんなふう？」とやりとりをしていくなかで何を見られているのかといえば，学生とのコミュニケーションがうまくできているかを試されるのです．研究と同様，教育，特に学部教育への貢献を求められる大学では，ここが非常に重要な点です．いくら研究ができても，学生とまともに話ができない研究者は失格になります．

ポスドク時代の交友関係が財産に

三：就職活動がうまくいった理由，それから採用された具体的な理由

は，何だと思われますか．

東：応募書類は，NIHのボスはもちろんのこと，同じラボ，隣のラボの友人，先にポストを見つけて去っていった友人など，いろんな人に意見をもらって修正を繰り返しました．皆，相当忙しかったかと思いますが，時間を割いて有意義な意見をたくさんくれました．自分のボスや同じラボの同僚というのは，当然私の研究内容を熟知していて，詳細にわたりコメントをくれます．しかし，わかっているからこそすんなり読めてしまう場合もあるのですが，一方で隣のラボの友人というのは，研究内容についてあまり詳しいわけではないので，部外者が読んで理解できる内容か論理的に納得できる筋書きになっているかをチェックしてくれました．

さらによかったのは，周囲の人たちは皆厳しい人だったのでダメならダメとはっきり言ってくれたことです．そういうコメントに対して，反論したり議論して考えを練り直していくことで応募書類がよくなっていったと思います．ポスドク時代の私の財産は，交友関係，個人的なメンターをもてたこと，これに尽きると思います．

採用の理由はわかりません．推測の範囲ですが，大学の求めている研究者像に私が候補者のなかで一番当てはまったということでしょうか．研究領域，パーソナリティ云々，あらゆる点が総合的に判断された結果だと思います．着任後気づいたのですが，実験系が脊椎動物という研究者はとても少なく，一方，私はテストチューブのレベルですが，脊椎動物を対象にして癌研究の一種をやっていたこと，それからパーソナリティの面です．研究や教育にかかわるなかで一緒に仕事ができそうか，建設的な協力関係を築けそうかという点．私に対する学生の評価は候補者のなかでは高かったそうです．グラントが取れそうだと思っていただけたのかもしれませんし…．まあ，複合的な理由かと思います．

研究40，教育40，サービス20

三：現在の仕事についてお話ください．

東：大学が求めている職責というのは，契約時にはっきりと明示され

ます．私の大学の場合では，教育に40%，研究に40%，残りの20%はサービスと呼ばれる，先ほど言ったような委員会への参加などの貢献です．皆，時間は惜しいがサービスを怠ると昇給などに差し障るのでやらざるを得ないというところもあります．教員の昇進やテニュア取得にかかる審査に，研究業績や教育貢献に加え，こういったサービス，大学に対する貢献というのも当然加味されます．

　教育については，半期分，細胞生物学のアドバンスクラスを週3時間担当しています．秋学期（セメスター）はそれでほとんど終わってしまいます．着任後1年間は教育の職責を免除してくれるのですが，その間にラボを立ち上げ研究を走らせ始めなければなりません．教育を免除されているうちに少なくともグラントの申請は済ませておかないと大変です．講義の準備には米国の友人でも大変な時間をかけてやっていますので，どれほど大変かは想像できていました．グラント申請が終わったら，採択結果を待っている半年の間に講義の準備，グラントの結果が出る半年後には講義は終わっていますので，グラントの手直しという，だいたいのスケジュールは見えていますから，それをこなすのに必死です．

　グラントについては，一昔前に比べて格段に厳しくなったといわれていますね．それはある意味当然のことで，この10年あまり，順調に予算も増えてきたから研究者数も増えています．でも，この傾向がいつまでも続くわけではなく，鈍ってきたところで増加した研究者が奪い合うわけですから，厳しくなるはずです．まあ，今は受け入れがたいほど厳しいという批判もありますが….

　厳しいものの，われわれのような新人にはゲタを履かせてくれるし，グラント審査は公正で納得できるものです．審査後，詳細なコメントが返ってきます．量にすると3ページくらいですか．それに対して，疑問があればNIHの窓口に問い合わせることができます．そのときに，どのあたりが最も問題とされたのか，実際の審査会議ではどのようなやりとりがあったのかということをProgram Officerが教えてくれるのです．評価のペーパーに書かれているのと違う話が実際のやりとりのなかにあることも往々にしてあります．そういう情報を得て，自分の申請書を改

良することが可能です．さらに，評価結果に対して反論があれば，それを表明することもできます．

不採択であっても，Reviewerが付けたスコアが設定された基準以上なら，このような審査に関する詳細な情報を得られ，反論するチャンスも与えられるので，次の申請時にはぐっと有利になります．まずは，コメントとともに審査結果が返ってくる状態になることが重要です．聞くところによると，申請書の半数以上にはコメントが付けられないそうですから．

25ページの英文と聞くと「そんなこと無理だ」と思われるかもしれませんが，書いているうちにスペースが足りなくなってきたりします．読みやすいように，効果的に図や表を入れ込んだり，構成を工夫したり．グラント申請の際も，友人たちにコメントをもらって，改訂を重ねました．そういうメンター的な人がいれば，ネイティブではないという不利な条件も克服できると思います．

ポスドクを雇うか，学生を育てるか

東：ラボの構成は，現在大学院生1名，学部生3名です．彼らには，きちんと手当を支払っています．そのほかに不定期でボランティアに来る学生も受け入れます．手当は，学生の場合時間あたり数ドルです．単にアルバイトとして器具洗浄等の単純作業を担う場合もあるし，ちゃんと研究をやっている学生もいます．本人の自主性に任せていますが，最初に言うのは，「これは君にとってチャンスで，どう活かすかは任せる．働いてくれた分についてはきちんと報酬を支払う」ということです．

まだ2年生なのですが，私のリサーチ・グラントを読ませたときに「このテーマが一番論理的で面白そうだから，これをやりたい」と，言ってきた学生がいたんですね．まだまだ知識は浅いし，講義がたくさんあるからまとまった時間を取れないのにもかかわらず，ラボにいるときにはものすごく集中して結果を出してくれました．そういう学生に出会うと，大切に育てたい，よい芽を摘まないようにしなきゃいけないと思い，いいプレッシャーになります．そして，こういう経験が学生に研究

者を目指すのかどうかを考える機会を与えているのではないかと思います．こちらには，日本のような卒論実習はありませんので．

　研究効率を考えてポスドク中心の研究室運営もあり得るかと思うのですが，ポスドクを雇うということは将来独立していく人を教育するということですし，研究テーマも独立時には分け与えることになりますので，われわれのような成り立てほやほやのPIでは難しい面もあります．そういう心配のないポスドクを雇うというふうに考えることも可能かもしれませんが，私は今のところ学生中心で地元密着型でも結果が出せるようにしていこうと考えています．

うまくできている米国のグラントシステム

　三：今後のプランをお聞かせください．

　東：まだ新米で，研究室自体も完全に整ったとは言いがたい状況ですので，研究の進み具合もそれなりですが，おかげさまで研究費のメドも立ちましたし，このままテニュア取得を目指します．米国内で別居状態にある妻がこの周辺でPIポジションを得られればと思い，自分にできることをやっている状態でもあります．

　米国で大学教員になれば，retirement planへの加入義務が生じ，引退時にはこれまで積み立てた分に応じて手当が支払われることになっていますが，基本的には自分の身の処し方は自分で責任をもつという国ですので，引退後のプランは本人任せです．テニュアを取得すれば，いつ，どのような形で引退するのかを自分で決められますから，教育やサービスに関しては引退したが，グラントが当たり続ける限りラボを存続するという研究者もいます．グラントにはオーバーヘッドがあり，その分大学も潤っているので，教育やサービスの貢献がなくてもいいわけです．うまくできていますよね．ただ，カンザスという土地柄，そんなあくせくしないで有意義に人生を送ろうという風土なので，適当に引退していくようです．

　三：今の日本の状況について，ご意見をいただけますか．

　東：日本を離れてから随分経ちますので，意見を言える立場ではない

ですが，米国の場合を少しご紹介します．先ほど触れたように，グラント審査には大変な労力をかけていますので，それを担うには専門性，研究経験をもった人材が多数必要になり，ポスドク終了後にそういうところへ行く人もかなりいます．

そもそも，学位をもっていれば就職活動で絶対に有利だし，待遇も期待できます．だから，周囲の学生を見ていてもPh.D.取得に対するインセンティブが非常に働いているようです．Ph.D.コースを最後までやり通すのも，かなり厳しいです．例えば，2年目にはPh.D.が当然もっていなければならない生物学の基礎知識を試験され，さらに架空のグラントを書き，口頭試問を受け，それをクリアしないと落第ということになります．複数回チャンスはありますが，それでも若干の学生はPh.D.取得を断念するか，別の大学院を受け直すことになるようです．

絶対に，あきらめないこと

三：これから研究者を目指す人たちにメッセージをお願いします．

東：研究とは自分が抱いた疑問を解き明かすという行為で，本当に面白いものです．そのやり方というのは，千差万別であっていいと思います．あるやり方で成功している人がいれば，全く違うやり方で成功している人もいる．そういう世界で，自分なりのやり方を見出すためのモチベーションを維持していくことが大切ではないでしょうか．そして，絶対にあきらめないこと．私がここまで来れた究極の理由は，あきらめなかったからですから．

～インタビューを終えて～

このインタビューを行ったのは2007年の7月でしたが，2008年春，奥様も同じカンザスで見事ポジションを得ることができたという連絡をいただきました．あくまでもアカデミック・キャリアにこだわり，努力を重ねてきた二人にようやく春が来たような，そんな気持ちになり自分のことのように嬉しく思えました．

（聞き手：三浦有紀子）

第4章　実録　バイオ博士人材の多様なキャリアパス

10. 博士課程とは
マネジメント教育の場

――仙石慎太郎 博士（京都大学）

🎓 博士号は専門性ではなく，研究者の「素養」の証

三浦（以下 三）：先生の場合，博士課程を修了後いきなり，一見畑違いのコンサルティング会社に就職なさったわけですが，「研究者にならない選択」をされたのはどういう理由からですか？

仙石（以下 仙）：私は昔から研究は好きでしたし，今も大学でこうやって研究活動に従事していることを考えれば，大学院修了後そのまま研究者としてやっていく選択肢も充分にあったかと思います．ただ，当時私が従事していた嗅覚系の分野は競争が実に熾烈で，2004年のノーベル医学生理学賞のアクセルとバックをはじめ世界の多くの優秀な研究者が

京都大学 産官学連携センター イノベーション・マネジメント・サイエンス研究部門
准教授

仙石慎太郎（Shintaro Sengoku）

1996年東京大学理学部卒業．2001年東京大学大学院理学系研究科生物化学専攻修了，博士（理学）．卒業後はマッキンゼー・アンド・カンパニー日本支社に入社，医薬・ライフサイエンス産業におけるコンサルティング活動を数多く手がける．2005年より東京大学大学院薬学系研究科講師，医薬・医療分野における産業論・経営学の研究・教育活動に従事．また，独立系ベンチャーキャピタルである株式会社ファストトラックイニシアティブのマネジャーとして，バイオ・ヘルスケアベンチャー企業に対する投資・育成活動に従事．2008年より現職．

キャリアパス

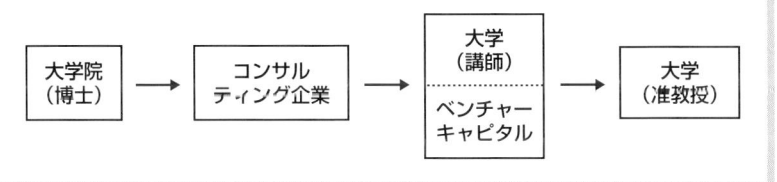

大学院（博士）→ コンサルティング企業 → 大学（講師）／ベンチャーキャピタル → 大学（准教授）

日々しのぎを削っており，また競合分野ならではの政治的な駆け引き，なりふり構わぬ一番手争いも多くありました．敢えて言えば，このような過酷な世界で職業的研究者として名をあげ，自分や家族を養っていくというある種の「覚悟」が，当時まだなかったということでしょうか．

三：とは言っても，周囲は当然，研究者になるものと期待していたと思いますが，意思表示をしたときの反応はいかがでしたか？　それとも，密かに就職活動したとか．

仙：私の所属していた東京大学大学院理学系研究科は基礎研究のメッカ，いわばサイエンティストの養成機関ですから，かなり珍しい選択肢をとったのだと思います．

ただ，「博士課程まで進学したのだから（その分野の）研究者になるべきである」という論調には昔から反対でしたし，今でもその考えは変わりません．そもそも，博士号を「〇〇博士」と専門分野を付けて呼ぶのは，明治期以降に輸入学問を効率的に吸収するための所作ではないでしょうか．これからの博士号は，取得分野にかかわらず，職業的研究者の素養を証明する世界的基準，"Doctor of Philosophy（Ph.D.）"であるべきです．実際，欧米のPh.D.ホルダーのなかには，出身の分野に強みを見出しつつも，研究者としての一般的な素養を活かし，多種多様な分野で活躍している方が多い．

そもそも，一人前の研究者としてやっていけるかどうかは，博士課程でないとわからない．私の考えでは，修士課程とは，技術や理論の習得をする段階．博士課程になってはじめて，知識や経験を活かして研究・教育活動を行っていく，すなわち「知の再生産」を

自分の力でできるかどうかを試すことができるのだと思います．実験の進行のみならず，自分で計画を立てて，研究資金を取ってきて，他者を活用して，学生を受け入れて，研究活動というものの全体を考えながら，自分が研究者として本当にやっていけるのか，やっていくべきかどうか判断する．好きなだけではやっていけないということを自覚するには，お膳立てされたなかで研究をやっていては駄目なのです．

　私の指導教官は，研究者として生きていくために最初から一人でできるようにならなければいけないという信念をおもちで，そのお考えのもと学部 4 年の卒業研究の頃から厳しく教育されました．そのような環境で研究と出会えたことは本当によかったですね．その後，何の因果かいち早く大学に戻ってきて研究教育活動に携わることになりましたが，そのときの教え，経験は，今は大変貴重な財産です．

"Unlearning" の洗礼

　三：コンサルティング会社に就職されたのは，どういういきさつですか？

　仙：大学 4 年生のときに社会勉強でいくつかの会社説明会に出ていたので，この業界の存在は知っていました．その後感銘を受けたのは，企業などの組織の経営を「科学的に」捉えアドバイスするという仕事であること，そのアドバイスの対象に R&D（研究開発活動）などなじみの深い分野も含まれていたことです．また，たまたま，旧友がコンサルティング業界に就職しており，自身の就職活動経験や BBS などをまとめたサイトを立ち上げていたことも大きかったです．それが役に立ちました．

　入社したマッキンゼー・アンド・カンパニーは，この業界ではトップクラスの会社で，いろんな種類のプロジェクトが動いていました．最初に配属されたのは，全く畑違いのプロジェクトで，顧客も仕事仲間も話をどんどん進めていくなか，自分は何もできない．経営についてはあまりにも無知で，散々でした．当時を振り返ると，会社は私に対して"unlearning（脱学習）"を行わせるため，敢えてそういうプロジェクトに配属したのかなと思います．やはり，クセがあって生意気だったので

しょう．博士号を取得したとか，サイエンスの世界でこれだけやってこれたのだからといって，異分野のビジネスの世界でもそのまま通用するはずというのは甘いのです．後で聞いたら，やはりサイエンスのバックグラウンドを活かした仕事を期待されていたようです．

　三：そんな目に遭いながらも，続けていらしたというのは，この仕事をやっていけると実感するきっかけがあったのでしょうか？

　仙：実は，最初の畑違いの外資系投資銀行の全社戦略立案のプロジェクトのなかのある出来事が，この仕事を続けるきっかけとなったのです．プロジェクトを進めているうち，もしかしたらここに原因があるかもしれないと思った点について，徹底的に情報を収集したのです．過去に遡って，新聞の関連記事を全部拾うような地道な作業もやりました．収集したデータを整理し，因果関係が明確にわかるよう工夫した資料を作成したのです．研究をやっていた身には，必要なデータを単調な作業の積み重ねで集めることや膨大なデータを整理，分析することは，お手のものです．研究をやったことのある人間には当たり前の作業でも，周りにはそんな厄介な仕事に手を出す人はいませんでした．たった1枚の紙を見た企業のトップが問題の深刻さに気づき，さらに仕事を依頼してくれたとき，分析力，科学的な思考力の重要性を実感し，これが自分の強みであることを認識しました．

　少し話が飛ぶかもしれませんが，今言われているポスドクの問題って，私には，ちょっと不可解なのです．博士号を取得する過程で受けた教育というのは本質的な部分はビジネスの世界でも通用すると思います．自分でテーマを探してきて，やりくりしながら成果を出していくとするなら，博士課程の学生は，いわば企業の中ではじめてプロジェクトを任された若手リーダー候補みたいなものです．実際の企業の中では，新入社員にプロジェクトを任せるなんてことは普通ないので，企業の現場では叶わない教育なのです．それをすでに，博士号取得者は，研究者として自立してやっていくための一種の経営者教育を受けているわけですから．サイエンスの世界に限らずいろんな活躍のしかたがあるはずではないかと思うのですが．

博士号取得のプロセスとは，経営者教育を受けているようなもの

三：ただ，昨今の大学院には，博士課程の院生にプロジェクトを1つ任せて「好きなようにやってみろ」と言えるような余裕がなくなっているとも聞きます．

仙：だとしたら，それは効率主義や研究室の大規模化の弊害かもしれません．今は，研究室経営も非常に複雑になってきている．大学院教育も昔のように，手間隙かけた，一見，非効率なやり方では世の中の流れに追いつけない．院生もこの「非効率の恩恵」を受けづらくなっている．でも，やはり非効率というかもっといえば理不尽なほうが絶対にいいと思いますね．セーフティネットさえ張っておけば．場合によっては，学生の将来を考え抜いたうえで「君はサイエンティストには向いてない」と言ってやることも優しさだと思うのです．今，それを言ったら即，アカハラになりますが．難しい問題ですね．

誰かに言われないとなると，自分で判断するしかない．そのためには，大学院進学の前に，きちんと現実に向き合わせることが肝要です．大学院教育にはこういう目的があって，こういうリスクもある．ただ，欧米では博士号がないと研究者としてみなされないので，これから研究者を目指すならば絶対に必要となる，などということを理解させることが必要でしょう．このインフォームドコンセントは，特に，修士から博士に行く段階では重要です．何も考えなければ，単に進学で2年が5年になっただけです．でも，これが天と地ほどの差があるのだということがわかっていないまま進学すると，大変なことになりますから．逆に，そういうことを考えさせる機会を与えれば，ある程度自分で判断するでしょう．

三：さて，そういう機会を与えることを，実際に研究指導している教授ができるのかという問題がありますが．

仙：これを研究指導の一環として行うことはこれからは難しいでしょう．今後は，個々の研究室の中の話ではなくて，大学全体，あるいは研

究者を取り巻く社会システムとして扱うべきでしょう．研究室内でやるとなると，利益相反になってしまいます．大学の教員は，どうしても博士課程への進学をすすめてしまいますから．中立で信頼のおける機関なり企業が，正しい情報を伝えて，それが理系の常識のようになっていくべきだと思います．

三：さて，現在のお仕事の目指すところを教えてください．

仙：現在の私の専門は，イノベーション・マネジメント，すなわち大学や公的研究機関等で発明・発見されたイノベーションにいかに社会的意義をもたせるか，その方策としくみ・プロセスを考案する学問です．学問といってもまだ体系として確立されておらず，これからの発展が期待されます．なかなか難しいですが，サイエンスの専門性とマネジメントの普遍性がともに求められるという点で，自分の経験を発揮できる天職のような分野だと考えています．

私は，博士課程学生の頃から，「研究を研究すること」つまり，研究活動のシステムを研究対象にすることの必要性を感じていました．コンサルタント時代には，主に企業を対象にしてきました．その経験を活かして，大学等のより公的な組織のマネジメントがどうあるべきかという問題に取り組んでいます．

また，キャリアパス支援にも取り組んでいます．重要なのは，「これこれの多様な選択肢があるのだけれど，私は敢えて研究者としてのキャリアを選ぶ」という，前向きな選択を促進することにあります．現在のポスドク余り問題も，研究活動しかやってない，また研究だけやっていればよい，という，ある種周囲の「甘やかし」があるからではないでしょうか．

マネジメント力の有無が見られている

三：理系と文系の生涯賃金に差があるなどという話も聞きますが，何が理由だと思われますか．

仙：理系でも，企業の研究開発に携わっているような人たちは，かなりいい待遇を受けていると思いますし，一概には言えないところもあり

ますが，確かに，理系と文系の格差というのは，認識しています．それが何かというと，賃金という待遇面もあるかと思いますが，昇格，昇進といったところで差が出ているように思います．

　自由競争の昨今，敢えて理系文系の差があるとは考えられないし，そもそも理系文系という二元論は意味がありません．とはいえ，いわゆる理系の人間には，競争に勝つために必要な何かが足りないということです．理系には，科学的思考力等，誇れるところもあるが，それよりも文系の人間の方が，一般の世の中での身のこなしというか，柔軟さで優っている．組織として仕事をするうえで必要なコミュニケーション能力，交渉能力，忍耐力などを持ち合わせている．一言で言えば，理系の人間は組織として活動するうえであまりにも「ナイーブ」なのです．それが，ずっと積み重なってくるとかなりの差になって，あげく安く見られてしまうのでしょう．

　それから，ある程度になると，マネジメント力があるのかどうかというのは，昇進や待遇に大きく響いてくるものだと思います．飛び抜けた才能はないけれども，人的な魅力やリーダーシップ，コミュニケーション力が長けている方が，理系頭よりもマネジメントをするという点では重宝がられる．そこは，公平な判断の結果だと思います．ちなみにマッキンゼーでは，このコミュニケーション能力を入社直後に徹底的に叩き込まれました．正直，私は今でもコミュニケーションは苦手なのですが，そういうことは研究をしているだけではなかなか身につかない．別の努力が必要だということはよくわかりました．

　三：**これからの先生のビジョンをお聞かせいただけますか．**

　仙：『ブルーオーシャン戦略』（ランダムハウス講談社）という本をご存知ですか．競争の激しい既存の市場（レッドオーシャン）ではなく，まだ誰も漕ぎ出していない静かな海（ブルーオーシャン）をこれからも開拓していこうと考えています．日本の大学は，基礎科学研究は旺盛だが，これらの研究を産業界や社会のニーズに基づき統合・実用化する取り組みは伝統的に弱い．私は，イノベーション・マネジメントという新興の研究分野の開拓を通じて，このような素晴らしい研究成果の潜在力

を引き出すための「interdisciplinary research（学際研究）」に従事していきたいと思います．

〜インタビューを終えて〜

思考の切り替え，意思決定の早さにただ脱帽です．元々もっていた能力に科学的分析力等が加わり，道が開けたのだと思いました．仙石さんの研究対象はいわば未踏の分野であり，コンサルタントという職業を選んだときのように，果敢に挑戦してくださることを期待しています．

（聞き手：三浦有紀子）

索　引

和文

あ

- アウト・オブ・ボックス … 52
- アウトプット …………… 63
- アカウンタビリティー … 70
- アクション・プラン … 44, 62
- アドバイザリー・サービス … 19
- アポロ計画 ……………… 73
- イシュー ………………… 52
- イシュー・アナリシス … 58
- イノベーション25 ……… 35
- 意味合い ………………… 69
- インプット ……………… 63
- インベストメント・バンカー… 42
- 上滑った戦略 …………… 44
- 延喜式 …………………… 14
- オーバードクター ……… 14

か

- 解決策 …………………… 69
- 科学技術関係人材のキャリアパス多様化促進事業 … 23
- 科学技術基本計画 ……… 90
- 科学技術研究調査報告 … 25
- 学位令 …………………… 15
- 可視化 …………………… 136
- 仮説検証型 …………… 56, 62
- 課題 ……………………… 52
- 課題提起型 …………… 56, 62
- 課題ワークシート ……… 74
- 価値観 …………………… 134
- 金のなる木 ……………… 76
- 企業の合併・買収 ……… 13
- キャリア採用 …………… 94
- キャリア設計 …………… 81
- 業務リスク ……………… 78
- 教養教育 ………………… 82
- くもの巣理論 …………… 88
- グラント ………………… 49
- 経営学修士 ……………… 16
- 経営管理 ………………… 47
- 経営管理大学院 ………… 41
- 研究開発活動 …………… 42
- 研究提案 ………………… 64
- 研究費申請書 …………… 49
- 研究プロジェクト ……… 46
- 研究マネジメント力 …… 38
- コア・イシュー ………… 55
- 公衆衛生学修士 ……… 16, 18
- 構想 ……………… 43, 44, 134
- 行動計画 ………………… 62
- 公募 ……………………… 90
- コミュニケーション・スキル
  ……………………… 41, 61
- コミュニケーション能力 … 8
- コラボレーション ……… 137
- コンサルタント ……… 17, 42
- コンサルティング・ファーム
  ………………………… 18
- コンフリクト・マネジメント
  ………………………… 21

さ

- 産学連携 ………………… 72
- 事業群 …………………… 41
- 資源ベース ……………… 44
- 思考の枠組み …………… 44
- 市場リスク ……………… 78
- 実行計画 ………………… 44
- 使命感 ……………… 43, 134
- ジャーナル・クラブ …… 64
- 状況認識 ………………… 69
- 助教 ……………………… 31
- 助成財団 ………………… 85
- 人材需給 ………………… 87
- 進捗報告ミーティング … 64
- 信用リスク ……………… 79
- スコープ ………………… 74
- ステークホルダー ……… 73
- ストーリー ……………… 67
- ストーリーライン ……… 68
- 製薬業界 ………………… 12
- 説明責任 ………………… 70
- ゼロベース思考 ……… 53, 70
- 専門職大学院 …………… 16
- 戦略 ……………………… 134
- 戦略的思考力 …… 8, 41, 70
- 組織構造・システム・プロセス
  ………………………… 44
- 空・雨・傘 …………… 55, 69

た・な

- 大学院重点化 ………… 38, 93
- 大学寮 …………………… 15
- 知の活用 ………………… 51
- 知の創造 ………………… 51
- 知の発信 ………………… 51
- 中央教育審議会 ………… 35
- 中間目標 ………………… 45
- 賃金構造基本統計調査報告書
  ………………………… 27

索　引　237

索　引

特任助手 ・・・・・・・・・・・・・・・ 31
特別免許状 ・・・・・・・・・・・・・・ 31
日本経済団体連合会 ・・・・・ 42
ニューヨーク科学アカデミー
　・・・・・・・・・・・・・・・・・・・・・・・・・ 49

は

博士課程 ・・・・・・・・・・・・・・・・・ 8
博士後期課程 ・・・・・・・・・・・・・ 8
花形 ・・・・・・・・・・・・・・・・・・・・・ 76
幅のロジック ・・・・・・・・・・・・ 54
ビジョン ・・・・・・・・・・・・・ 43, 44
ピラミッド・ストラクチャー
　・・・・・・・・・・・・・・・・・・・・・・・・・ 68
深さのロジック ・・・・・・・・・・ 54
フレームワーク ・・・・・・・・・・ 44
ブレイン・ストーミング ・・・ 64
プレゼンテーション ・・・・・・ 67
プログレス・レポート ・・・ 64
プロジェクト・マネジメント
　・・・・・・・・・・・・・・・・・・・・ 46, 72
プロジェクト・マネジメント力
　・・・・・・・・・・・・・・・・・・・・・・・・・・ 8
プロジェクト・マネジャー ・・・ 74
プロダクト・ポートフォリ
　オ・マネジメント ・・・・・・ 76
プロフェッサー・ポジション
　・・・・・・・・・・・・・・・・・・・・・・・・・ 11
プロフェッショナリズム ・・・ 41
プロフェッショナル ・・・・・・ 40
ベンチャー企業 ・・・・・ 17, 72
ポートフォリオ ・・・・・・・・・・ 76
ポートフォリオ・マネジメント
　・・・・・・・・・・・・・・・・・・・・・・・・・ 76

法学修士 ・・・・・・・・・・・・・・・・ 16
法的リスク ・・・・・・・・・・・・・・ 79
ポスドク ・・・・・・・・・・・・・・・・ 34
ポスドク余り ・・・・・・・・・ 12, 14

ま

負け犬 ・・・・・・・・・・・・・・・・・・ 76
マスター ・・・・・・・・・・・・・・・・ 16
マネジメント ・・・・・・・・・・・・ 47
ミーティング ・・・・・・・・・・・・ 61
ミッション ・・・・・・・・・・・・・・ 43
魅力ある大学院教育 ・・・・・・ 18
目標 ・・・・・・・・・・・・・・・・・・・・ 44
問題 ・・・・・・・・・・・・・・・・・・・・ 52
問題解決力 ・・・・・・・・ 8, 41, 70
問題児 ・・・・・・・・・・・・・・・・・・ 76
問題発見・解決力 ・・・・・・・・ 51

ら

ラボラトリー・マネジメント
　・・・・・・・・・・・・・・・・・・・・・・・・・ 46
利害関係者 ・・・・・・・・・・・・・・ 73
リサーチ・プロポーザル ・・・ 64
リスク-リターン・ポートフ
　ォリオ ・・・・・・・・・・・・・・・・・ 76
リスク管理 ・・・・・・・・・・・・・・ 78
リスク・マネジメント ・・・・ 78
流動性リスク ・・・・・・・・・・・・ 79
ロジカル・シンキング ・・・ 59
ロジック ・・・・・・・・・・・・・・・・ 67
ロジックツリー ・・・・・・・・・・ 54
論文抄読会 ・・・・・・・・・・・・・・ 64
論文博士 ・・・・・・・・・・・・・ 10, 35
論理思考 ・・・・・・・・・・・・・・・・ 59

数字・欧文

20：80ルール ・・・・・・・・・・・・ 58
7Sフレームワーク ・・・・・ 135
Doctor of Philosophy ・・・ 10, 24
Doctor of Science ・・・・・・・・ 24
D.Sc. ・・・・・・・・・・・・・・・・・・・・ 24
LLM ・・・・・・・・・・・・・・・・・・・・ 16
M&A ・・・・・・・・・・・・・・・・・・・・ 13
Master ・・・・・・・・・・・・・・・・・・ 16
MBA ・・・・・・・・・・・・・・・・・・・・ 16
MECE ・・・・・・・・・・・・・・・ 53, 70
MPH ・・・・・・・・・・・・・・・・・ 16, 18
Ph.D. ・・・・・・・・・・・・・・・・・ 10, 24
PMBOK（Project
　Management Body of
　Knowledge） ・・・・・・・・・・・ 73
PMI（Project Management
　Institute） ・・・・・・・・・・・・・・ 73
PPM（Product Portfolio
　Management） ・・・・・・・・・ 76
R&D活動 ・・・・・・・・・・・・・・・・ 42
SDR（Survey of Doctorate
　Recipients） ・・・・・・・・・・・・ 23
SED（Survey of Earned
　Doctorates） ・・・・・・・・・・・ 23
SPI ・・・・・・・・・・・・・・・・・・・・・・ 92
Thesis proposal ・・・・・・・・・・ 49

著者プロフィール

三浦有紀子（Yukiko Miura）

1988年京都薬科大学卒業と同時に，同大学副手，3年後に助手となる．1996年から静岡県立大学に研究生として在籍し，1998年博士（薬学）取得．1998年から2002年まで，米国NIHおよび国立感染症研究所においてポスドク後，2003年から文部科学省科学技術政策研究所で，科学技術人材の養成・確保や研究システムなどについての調査研究に従事した後，2008年に（社）日本物理学会キャリア支援センターを経て，東京大学先端科学技術研究センター産学連携コーディネーター．

仙石慎太郎（Shintaro Sengoku）

1996年東京大学理学部卒業，2001年同大学院理学系研究科生物化学専攻修了，博士（理学）．マッキンゼー・アンド・カンパニー・インク・ジャパンのコンサルタント，東京大学大学院薬学系研究科講師，独立系ベンチャーキャピタルのマネジャー等を経て，2008年1月より京都大学産官学連携センターイノベーション・マネジメント・サイエンス研究部門准教授．専門はイノベーション・マネジメント，革新的医療・医薬技術を中心に，イノベーション普及のための産業論及び組織論に関する研究，教育及び実務支援活動に従事する．

博士号を取る時に考えること 取った後できること
生命科学を学んだ人の人生設計

2009年 3月30日 第1刷発行		
2012年 5月30日 第3刷発行	著 者	三浦有紀子，仙石慎太郎
	発行人	一戸裕子
	発行所	株式会社 羊 土 社
		〒101-0052
		東京都千代田区神田小川町2-5-1
		TEL　03（5282）1211
		FAX　03（5282）1212
		E-mail　eigyo@yodosha.co.jp
©Yukiko Miura, Shintaro Sengoku, 2009.	URL	http://www.yodosha.co.jp/
Printed in Japan	装 幀	ペドロ山下
ISBN978-4-7581-2003-6	印刷所	株式会社 三秀舎

本書の複写にかかる複製，上映，譲渡，公衆送信（送信可能化を含む）の各権利は（株）羊土社が管理の委託を受けています．本書を無断で複製する行為（コピー，スキャン，デジタルデータ化など）は，著作権法上での限られた例外（「私的使用のための複製」など）を除き禁じられています．研究活動，診療を含む業務上使用する目的で上記の行為を行うことは大学，病院，企業などにおける内部的な利用であっても，私的使用には該当せず，違法です．また私的使用のためであっても，代行業者等の第三者に依頼して上記の行為を行うことは違法となります．

JCOPY ＜（社）出版者著作権管理機構　委託出版物＞本書の無断複写は著作権法上での例外を除き禁じられています．複写される場合は，そのつど事前に，（社）出版者著作権管理機構（TEL 03-3513-6969，FAX 03-3513-6979，e-mail：info@jcopy.or.jp）の許諾を得てください．

羊土社オススメ書籍

理系のアナタが知っておきたい ラボ生活の中身
バイオ系の歩き方

野地澄晴／著

「研究って具体的にどうするの？」「ラボの毎日って何があるの？」「実験機器はどう扱うの？」など，研究室の日常と基本をイチから徹底解説！実践的スキル満載で，研究生活のはじめの一歩に最適！

- 定価（本体 2,800円＋税）　■ B5判
- 182頁　■ ISBN978-4-7581-2032-6

理系なら知っておきたい ラボノートの書き方 改訂版
論文作成，データ捏造防止，特許に役立つ書き方＋管理法がよくわかる！

岡﨑康司，隅藏康一／編

ノート・筆記具の選び方から，記入・保管・廃棄のしかたまで，これ一冊で重要ポイントが丸わかり！改訂により，大学におけるノート管理の記述を強化＆米国特許法の先願主義移行にも対応．山中伸弥博士推薦の一冊！

- 定価（本体 3,000円＋税）　■ B5判
- 148頁　■ ISBN978-4-7581-2028-9

やるべきことが見えてくる 研究者の仕事術
プロフェッショナル根性論

島岡 要／著

研究者に必要なのは知識や技術力だけではない！時間管理力・プレゼン力など，10年後の成功を確実にするために必要な心得を，研究者ならではの視点で具体的に解説．『実験医学』の大人気連載，待望の書籍化！

- 定価（本体 2,800円＋税）　■ A5判
- 179頁　■ ISBN978-4-7581-2005-0

科研費獲得の方法とコツ
改訂第2版

児島将康／著

大ベストセラー！情報更新して改訂版発行！！科研費の獲得に向けた戦略から申請書の書き方まで，気をつけるべきポイントやノウハウを徹底解説．著者が使用した申請書を具体例にした，まさに研究者のバイブル！！

- 定価（本体 3,700円＋税）　■ B5判
- 191頁　■ ISBN978-4-7581-2026-5

発行　羊土社 YODOSHA

〒101-0052 東京都千代田区神田小川町2-5-1　TEL 03(5282)1211　FAX 03(5282)1212
E-mail : eigyo@yodosha.co.jp
URL : http://www.yodosha.co.jp/

ご注文は最寄りの書店，または小社営業部まで